Wolf Prater

Orchideen für die Fensterbank

pflegen und gestalten

Franckh-Kosmos

Impressum

Der Inhalt dieses Buches basiert auf dem Buch »Orchideen für die Fensterbank« von Wolf Prater und Eberhard Waldvogel (†) (3. Auflage 1988, ISBN 3-440-05322-9) bei Franckh-Kosmos. Es wurde völlig neu bearbeitet von Wolf Prater.

Mit 16 Farbfotos von:
Eberhard Morell, Dreieich: 38, 56
Wolf Prater, Loßburg-Schömberg: 17, 18, 35, 36, 37, 55

Mit Zeichnungen nach Ideen und Vorlagen von Wolf Prater von:
Reinhild Hofmann, München: 7, 8, 9, 14, 21, 33, 48, 49, 63, 66/67
Horst Lünser, Berlin: 39, 40, 41, 42, 43
Vignetten von Marianne Golte-Bechtle, Stuttgart

Umschlaggestaltung von Atelier Reichert, Stuttgart, unter Verwendung von vier Farbfotos von »Mein schöner Garten«, Burda GmbH: Foto: Max-Felix Wetterwald (Vorderseite, großes Bild), Eberhard Morell, Dreieich (Vorderseite, kleine Bilder) und Wolf Prater, Loßburg-Schömberg (Rückseite). Das große Foto auf der Vorderseite und das auf der Rückseite zeigen *Phalaenopsis*-Hybriden; die kleinen Fotos auf der Vorderseite zeigen eine *Cattleya aurantiaca* (oben) und ein *Dendrobium densiflorum* var. *albo-lutea* (unten).

2. Auflage, 1992

L/H LA, TK/rr/ISBN 3-440-06581-2
Printed in Germany / Imprimé en Allemagne
Satz: G. Müller, Heilbronn
Herstellung: Huber KG, Dießen

Die Deutsche Bibliothek –
CIP-Einheitsaufnahme

Prater, Wolf:
Orchideen für die Fensterbank : pflegen und gestalten / Wolf Prater. – Völlig neu bearb. Aufl., 2. Aufl. – Stuttgart : Franckh-Kosmos, 1992
ISBN 3-440-06581-2

Alle Angaben in diesem Buch sind sorgfältig geprüft und geben den neuesten Wissensstand bei der Veröffentlichung wieder. Da sich das Wissen aber laufend in rascher Folge weiterentwickelt und vergrößert, muß jeder Anwender prüfen, ob die Angaben nicht durch neuere Erkenntnisse überholt sind. Dazu muß er zum Beispiel Beipackzettel zu Dünge-, Pflanzenschutz- bzw. Pflanzenpflegemitteln lesen und genau befolgen sowie Gebrauchsanweisungen und Gesetze beachten.

Inhalt

Die Heimat der Orchideen

Herkunft und Verbreitung

Die Familie der Orchideen umfaßt etwa 750 Gattungen mit 25 000 bis 30 000 Arten. Auch heute noch werden praktisch jeden Tag bisher nicht bekannte Orchideen entdeckt und beschrieben. In Mitteleuropa kennen wir etwa 60 Arten, der Großteil der Orchideen ist jedoch in den Tropen beheimatet, wo über 90 % der bekannten Arten vorkommen. Für den Berufsgärtner wie für den Hobbygärtner ist es sehr wichtig, die Herkunft einer Orchidee zu kennen, weil er daraus die Kulturbedingungen ableiten kann.

Im allgemeinen verbindet sich mit dem Begriff »Tropen« die Vorstellung von viel Wärme; viele Orchideen kommen dort aber noch in Höhenlagen von über 4000 m vor, wo es empfindlich kalt werden kann. Dies ist schon in alten Reiseberichten nachzulesen, in denen der Sammler Roezl z.B. recht lebendig schildert, wie er im Hochland von Mexiko nur mit größter Schwierigkeit »steifgefrorene« *Odontoglossum* von den Bäumen lösen konnte. Für die Zimmerkultur kommen aber weder Arten aus Sibirien oder Südchile noch die aus den Hochlagen der Anden oder des Himalaja in Frage; wir beschränken uns deshalb auf Arten, die zwischen Meereshöhe und etwa 3000 m ü. d. M. vorkommen.

Sie lassen sich nach einem groben Schema folgendermaßen einteilen:
0 – 1000 m: Orchideen des tropischen Regenwaldes (Warmhausorchideen)
1000 – 2000 m: Orchideen des subtropischen Regenwaldes (temperiert)
2000 – 3000 m: Nebelwaldorchideen (Kalthausorchideen)

Etwa 90 % aller Orchideenarten passen in dieses Schema, darüber hinaus gibt es in den Tropen einige spezialisierte Arten, die in Trocken- und Wüstengebieten zu Hause sind.

Obwohl diese größte Familie des Pflanzenreiches weltweit verbreitet ist, kommen die meisten der für die Kultur interessanten Arten aus dem indo-malaiischen Raum sowie aus Mittel- und Südamerika. Afrika ist relativ orchideenarm (siehe Tabelle).

Viele dieser Orchideen besiedeln weite Gebiete und sind wie *Comparettia falcata* oder *Brassavola nodosa* durch ganz Mittel- und Südamerika im tropischen und subtropischen Bereich verbreitet. Andere wie *Angraecum magdalenae* auf Madagaskar oder *Cattleya warscewiczii* in Nordwestkolumbien beschränken sich auf ganz bestimmte, oft kleine Areale.

In früheren Zeiten, besonders im letzten Jahrhundert, wurden vor allem von England aus regelrechte Expeditionen mit dem ausschließlichen Zweck des Orchideensammelns unternommen.

Die wichtigsten Gattungen für die Zimmerkultur und ihre Verbreitung

Süd- und Mittelamerika		Indomalaiischer Raum (Südostasien, Indonesien)		Afrika
Brassavola	*Masdevallia*	*Aerides*	*Paphiopedilum*	*Aerangis*
Brassia	*Maxillaria*	*Ascocentrum*	*Phalaenopsis*	*Angraecum*
Cattleya	*Miltonia*	*Bulbophyllum*	*Pleione*	*Ansellia*
Encyclia	*Odontoglossum*	*Cirrhopetalum*	*Renanthera*	
Epidendrum	*Oncidium*	*Coelogyne*	*Vanda*	
Gongora	*Stanhopea*	*Cymbidium*		
Laelia	*Trichopilia*	*Dendrobium*		
Lycaste	*Zygopetalum*	*Doritis*		

Enorme Preise wurden für seltene Arten bezahlt, doch die meisten Pflanzen verdarben auf dem mühseligen Transport durch die Tropenländer und per Schiff nach Europa. Auch wenn durch Sammeln in der Regel keine Orchidee ausgerottet werden kann, so wurde bei manchen Arten doch ein ziemlicher Raubbau betrieben, der aber dank moderner Vermehrungsmethoden weitgehend eingedämmt wurde.

Wo Orchideen wachsen

Epiphytische Orchideen auf Bäumen

Die meisten Orchideen sind ausgesprochene Lichtpflanzen. Sie benötigen zu gutem Gedeihen und Blühen viel Licht. In den Tropen, wo dichte Urwälder die Landschaftsform prägen, dringt weniger Licht auf den Boden. Die meisten Orchideen leben daher hoch im Geäst der Bäume, wo sie genügend Licht zum Leben erhalten. Im Vergleich zu anderen Pflanzen stellen diese Epiphyten keine großen Ansprüche. Ihre Wurzeln, die sonst zur Aufnahme von Wasser und darin gelösten Nährstoffen dienen, sind gleichzeitig Halteorgane und können oft meterweit an Ästen und Stämmen hinablaufen. Regen und Tau sind für epiphytisch lebende Orchideen die einzigen Quellen der Wasserversorgung. Das aufgenommene Wasser speichern sie in speziellen Organen. Ihre Nährstoffe entnehmen sie dem bißchen Humus, der sich durch Zersetzung von Laub und abgestorbenen Pflanzen in den Astgabeln und Rindennischen der Bäume ansammelt.

Alle epiphytischen Orchideen haben einen geringen Nährstoffbedarf. Das sollte man auf jeden Fall beim Düngen berücksichtigen.

Unter den Epiphyten gibt es sowohl Arten, die volle Sonne verlangen und daher in den obersten Zweigen der Bäume ihren Platz haben, als auch andere, die Halbschatten vorziehen und sich etwas tiefer ansiedeln, und schließlich solche, die keine Speicherorgane für Wasser besitzen und meist schattenliebend sind.

Felsbewohnende Epiphyten (Lithophyten)

Wie auf Bäumen wachsen viele Epiphyten auch auf Felsen, in manchen Gegenden, die der Mensch entwaldet hat, sogar häufiger auf Felsen als auf Bäumen. Etliche Spezialisten wie die Felsenlaelien sind sogar fast nur dort anzutreffen. Man bezeichnet sie daher als lithophytisch (gr. lithos = Stein).
Bis auf einige Ausnahmen lassen sich beide Gruppen gleich kultivieren.

Erdorchideen

Einige Gattungen eignen sich besonders gut für die Kultur im Zimmer. Die Arten dieser Gattungen besitzen wohlausgebildete Wurzeln und wachsen im Boden. Man bezeichnet sie daher als terrestrische Orchideen (lat. terra = Land, Boden). Hierher gehört der bekannte Frauenschuh aus der Gattung *Paphiopedilum.*
Je nach Art bevorzugen die Erdorchideen in ihrer Heimat vollsonnige bis tiefschattige Standorte, wo sie in fettem Lehm oder auch lockerem Laubmull wachsen. Manche Arten meiden Kalk, andere verlangen ihn.

Pflanzgefäße

Geeignet sind Tontöpfe, Hartplastiktöpfe, Gittertöpfe und Container, Holzkörbchen, Drahtkörbchen, Töpfe aus Baumfarn und Gießtöpfe.
Tontöpfe sind porös und daher luft- und wasserdurchlässig, aber sehr stabil. Nachteil: Ihr Inhalt trocknet im Vergleich zu anderem Material schneller aus, und an der Topfwand entsteht Verdunstungskälte. Kann jedoch Bodenwärme gegeben werden, dann sind sie bestens zu empfehlen.
Hartplastiktöpfe verdunsten nur an der Substratoberfläche Wasser; ihr Inhalt bleibt daher länger feucht. Für Epiphyten, die ein gut durchlüftetes Substrat brauchen, durchlöchert man die Topfwand mehrmals.
Gittertöpfe, die sich auch gut in Epiphytenstämme einbauen lassen, sind sehr geeignet. Frei aufgestellt, trocknen sie allerdings zu schnell aus, und Wurzeln, die durch das Gitter wachsen, brechen leicht ab.
Container (große Plastiktöpfe) eignen sich für Schaupflanzen und für Arten, die von Natur aus groß sind, wie *Cymbidium.*

Holzkörbchen sind von der Form her sehr ansprechend und für alle Epiphyten geeignet, wenn man das Substrat darin feucht genug halten kann. Für die Fensterbank sind sie daher nicht zu empfehlen.

Töpfe aus Baumfarn sind an sich sehr gut geeignet. Sie werden von den Pflanzen durchwurzelt und halten sehr lange Wasser. Baumfarne stehen jedoch unter Artenschutz. Man sollte aus diesem Grunde die Töpfe nicht verwenden, auch wenn sie für die Pflanzenhaltung sehr praktisch sind.

Gießtöpfe eignen sich sehr gut für Pflanzen, die viel Feuchtigkeit brauchen. Man schließt z.B. in einem Tontopf das Loch und bindet die Pflanze außen an den Topf, der mit Wasser gefüllt wird. Durch den leicht wasserdurchlässigen Ton kann sich die Pflanze die erforderliche Feuchtigkeit holen (Abb. rechts unten).

Tip:

> Pflanzen Sie, wenn möglich, alle Orchideen in Töpfe aus dem gleichen Material. Sie erleichtern sich so die Pflege, da alle Orchideen beim Gießen ähnlich behandelt werden können.

Empfehlenswerte Behälter für die Fensterbank

Wasserdichte Behälter zur Aufnahme mehrerer Pflanzen können Sie sich selbst herstellen oder von einem Handwerker nach Maß anfertigen lassen. Als Material eignen sich hierfür sehr gut V2A-Stahl, Kunststoff, Kupferblech oder Holzbehälter, die von innen mit Kupferblech oder Gartenteichfolie ausgeschlagen werden, damit sie wasserdicht sind.

Pflanzwannen für die Fensterbank sollten nicht allzu groß sein. Man muß einkalkulieren, daß die Behälter noch mit Pflanzen, Tongranulat und Wasser gefüllt und dadurch schwerer werden. Beim Fensterputzen sollte man die Behälter ohne großen Aufwand wegstellen können.

Epiphytisch pflanzen auf einem Gießtopf. Ein vom Töpfer hergestelltes Tongefäß (der Ton darf nur leicht gebrannt sein) bleibt ständig mit Wasser gefüllt. Die Pflanze erhält ihre Feuchtigkeit von der Topfaußenseite.

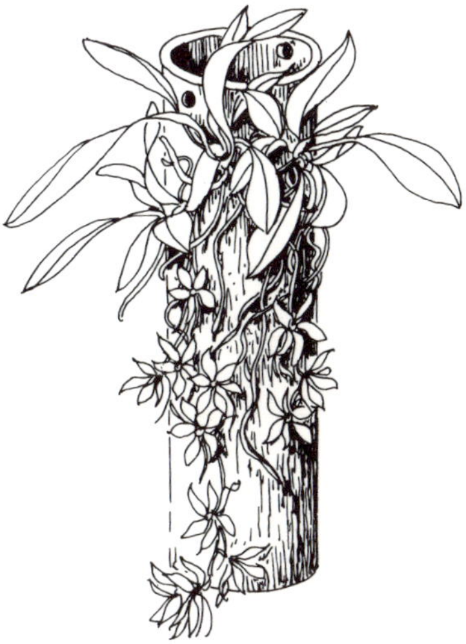

Pflanzgefäße

Für die Fensterbank ist eine Behälterhöhe von 15–20 cm geeignet. Der untere Teil der Pflanzwanne wird mit 3–5 cm Tongranulatkugeln oder Grolit 2000 aufgefüllt, auf das die Töpfe gestellt werden. Luft und Feuchtigkeit können so zirkulieren, und die Töpfe sind ohne Schwierigkeiten austauschbar. Sollte die Ansicht solcher Pflanzbehälter stören, kann die Fensterbank mit einer Holzblende verkleidet werden, die jeder Schreiner anfertigen kann.

Empfehlenswerte Behälter für den Wintergarten

Im Wintergarten dürfen die Gefäße größer sein. Montieren Sie deshalb an der Unterseite des Behälters rostfreie Lenkrollen. Der Standort kann auf diese Weise verändert werden. Im Sommer kann man die ganze Dekoration sogar auf die Terrasse stellen. Dies ist auch eine gute Methode zur Schädlingsbekämpfung oder für Reinigungsarbeiten.
Für eine größere Pflanzgruppe können Sie mehrere Pflanzgefäße zu einer Einheit zusammenfügen; dabei sollten Sie einen Behälter für die Aufnahme eines Epiphytenstammes (siehe auch S. 44 f.) vorsehen. Im Fachhandel sind genormte Hydrobehälter in verschiedenen Formen und Größen erhältlich. Diese Gefäße sind meist 25–80 cm hoch. Um kleinere Topfpflanzen darin aufstellen zu können und damit der Behälter nicht zu schwer wird, füllt man den unteren Teil mit Styropor auf – so spart man gleichzeitig Tongranulat.

Pflanzbehälter mit Lenkrolle
1 Plastikfolie, 2 Wabenstein als Unterbau für kleine Töpfe, 3 Blähton, 4 Styroporunterlage.

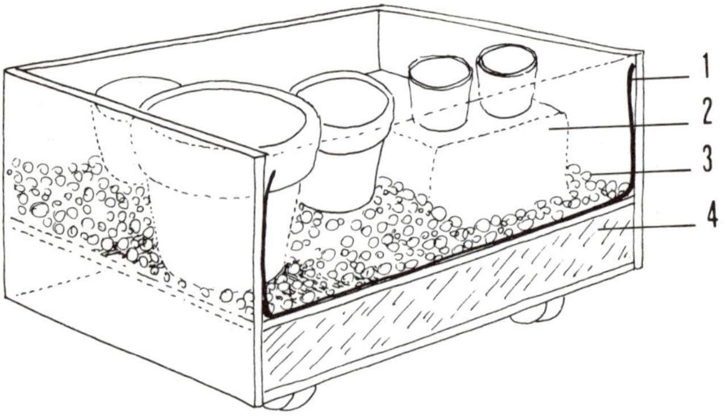

Wie macht man Töpfe unsichtbar?

Wenn Pflanzwannen im Wintergarten oder auf der Fensterbank aufgestellt werden, verschwinden die Töpfe in der Pflanzwanne. Möchten Sie aber Ihre Pflanzen an einen Epiphytenstamm hängen oder frei im Wintergarten oder Fenster aufhängen, gibt es verschiedene technische Möglichkeiten, unschöne Pflanztöpfe unsichtbar zu machen:

- Töpfe können mit runden Teilstükken der Korkrinde verkleidet oder in Höhlungen im Wurzelholz des Epiphytenstammes versenkt werden.
- Töpfe kann man auch mit Kokosfasermatten oder anderen Naturmaterialien verkleiden.

Die Außenseite und die Unterseite des Topfes beklebt man mit Kokosfasermatten, die man im Floristengroßhandel kaufen kann. Zum Ankleben der Kokosfasermatten verwendet man zum Beispiel Pattex compact.
Am Stamm werden die Schraubösen befestigt, an die man die Töpfe anhängen kann. Stabile Plastiktöpfe oder noch besser Tontöpfe werden mit einem Drahtaufhänger versehen.

Töpfe unsichtbar machen
1 Der Topf wird mit Drahtaufhänger versehen. 2 Nachdem der Topf mit Kokosfaser verkleidet und eine Schrauböse am Stamm befestigt wurde, hängt man ihn an den Stamm.

Tips:

- Sehr praktisch ist es, sich gleich für verschiedene Pflanzen mehrere Gefäße mit Drahtaufhänger und Verkleidung herzustellen, damit immer die richtige Topfgröße zur Verfügung steht. Der Epiphytenstamm kann so mit wenig Aufwand verändert werden, z.B. können nichtblühende Pflanzen durch blühende ersetzt werden.
- Unvorteilhaft ist es, die Töpfe mit Moos zu verkleiden. Das Moos vertrocknet schnell und sieht dann unschön aus. Ist es einmal ausgetrocknet, nimmt es nur sehr schwer Wasser auf.
  Diese Methode ist außerdem mit viel Schmutz verbunden und kann Schädlinge mit ins Haus bringen.

Die richtige Pflege

Wer die Grundbedürfnisse der Orchideen kennt, sollte seine Pflege, soweit es nur möglich ist, darauf einstellen. Je günstiger die Wachstumsbedingungen sind, desto besser werden die Pflanzen gedeihen und unsere sorgsame Pflege durch kräftigen Wuchs, schöne Belaubung und üppiges Blühen danken.
Wer ein offenes oder geschlossenes Blumenfenster besitzt, ein Gewächshaus oder gar einen Wintergarten, hat viele Möglichkeiten, anspruchsvolle Orchideen zu halten. Daneben aber gibt es recht bescheidene Arten, die auch mit dem weniger komfortablen Platz der Fensterbank vorliebnehmen.
Die einfache Fensterbank – meist aus Marmor, Kunststein, Werzalit oder ähnlichem Material – ist ohne besondere Zusatzeinrichtungen vor allem im Winter kein idealer Platz für Orchideen. In der Regel befindet sie sich direkt über dem Heizkörper, so daß die Pflanzen ständig der warmen, trockenen, nach oben streichenden Luft ausgesetzt sind (siehe auch S. 14, 7 f.). Weitere ungünstige Faktoren sind Zugluft durch undichte Fenster und winterliche Kältestrahlung sowie direkte Sonneneinstrahlung, die das ganze Jahr über auf die Pflanzen wirkt (siehe auch S. 11 f.). Orchideen reagieren darauf sehr schnell mit Gelbwerden der Blätter und Schrumpfungserscheinungen ihrer Speicherorgane. Durch Austrocknen des Pflanzsubstrats steigt die Nährstoff-

konzentration, so daß es zu Wurzelschäden kommen kann. Derart geschwächte Pflanzen sind anfällig für tierische Schädlinge und Pilzkrankheiten; sie können sogar absterben.

Temperatur

Zu gutem Gedeihen brauchen Orchideen Temperaturen, die unserem Wohlbefinden im Wohnraum entsprechen.

Warmer und temperierter Standplatz
Er befindet sich in einem beheizten Raum am Ost-, Süd- oder Westfenster. Innerhalb der Wohnung herrschen an den einzelnen Fenstern unterschiedliche Temperaturen, so daß man die Pflanzen je nach Art und Wärmebedürfnis aufstellen kann.
Das geschlossene Blumenfenster ist besonders vorteilhaft für Pflanzen, die mehr Wärme verlangen. Hier kann die durch Sonneneinstrahlung entstandene Wärme nicht so schnell abfließen; außerdem läßt sich dieser Kulturraum leicht mit einer Zusatzheizung ausstatten, die automatisch geregelt werden kann.

Kühler Standplatz
Die besten Temperaturbedingungen finden sich in einem kaum beheizten Zimmer am Ost- oder Westfenster oder auf einem verglasten Balkon.

Ab Mitte Mai (nach den Eisheiligen) kann man die temperiert und kalt zu kultivierenden Pflanzen bis Oktober in den Garten bringen, am besten unter einen schattenspendenden Baum, oder auf den Balkon.

Lichtansprüche

Neben Wärme, Wasser und Nährstoffen ist das Licht ein wichtiger Wachstumsfaktor. Auch Orchideen brauchen Sonnenenergie zur Assimilation, das heißt zur Stoffproduktion – jedoch nicht im Übermaß.
Während der Wachstumsperiode im Frühjahr und Sommer schützen die Pflanzen sich gegen zuviel Licht u. a. dadurch, daß sie kleinere Blätter entwickeln. Größere Blätter bilden sie dagegen, wenn sie bei starker Sonneneinstrahlung schattiert stehen. Dies ist besonders wichtig in unseren Breiten.

Kulturform	Sommer		Winter	
	tagsüber	nachts	tagsüber	nachts
warm	20–25 °C	20 °C	20 °C	18 °C
temperiert	18–25 °C	13–15 °C	15–18 °C	13–15 °C
kühl	16–22 °C	10–14 °C	14–18 °C	10–14 °C

Temperatur-Richtwerte können kurzzeitig über- oder unterschritten werden, z. B. bei starker Sonneneinstrahlung oder in kühlen Nächten.

Denn durch die abnehmende Taglänge wird das Lichtangebot im Winter erheblich verringert, so daß die Pflanzen dank ihrer größeren Assimilationsfläche trotz Lichtmangel genügend Stoffe produzieren können. Außerdem nehmen sie über die größeren Blattflächen mehr Feuchtigkeit auf. Pflanzen mit derbem Laub vertragen mehr Licht und Sonne als solche mit zarten Blättern. Dies nur als Anregung, wenn Sie nicht wissen, wo Sie Ihre Orchidee kultivieren sollen.
Epiphytische Orchideen sind lichthungrige Pflanzen, die in den Tropen auf Bäumen wachsen.
Es gibt auch Arten, z.B. in der Gattung *Paphiopedilum*, die den Schatten am Urwaldboden vorziehen. An einem Südfenster muß man diese Pflanzen daher vor zu starker Sonnenstrahlung schützen.
Besondere Vorsicht ist im Frühjahr geboten! Nach der lichtarmen Winterzeit dürfen die Pflanzen nur langsam an helleres Licht gewöhnt werden. Morgen- und Abendsonne ertragen die Orchideen das ganze Jahr über.

In praller Sonne fühlen sich Orchideen nicht wohl, da die Temperatur zu hoch und die Luftfeuchtigkeit zu niedrig für sie ist. Vor allem am Südfenster ist daher unbedingt eine Schattierung notwendig. Es gibt zwei Möglichkeiten:

- Außenschattierung: Markise oder Lamellenjalousie.
- Innenschattierung: Lamellenjalousie oder Stoffgardine (schattiert 60–80%).

In jedem Fall ist die Außenschattierung vorteilhafter, da sie einen Teil der Sonnenstrahlen schon draußen reflektiert, so daß sich im Raum weniger Wärme entwickelt. Die Innenschattierung eignet sich mehr für kurzfristiges Abschirmen.
Von Oktober bis März wird kaum schattiert, ab April zwischen 11 und 16 Uhr und ab Mai/Juni zwischen 10 und 18 Uhr.

Pflanzenbeleuchtung

Wenn Ihre Pflanzen nach kurzer Zeit wegen Lichtmangel verkümmern, verlieren sie ihre dekorative Wirkung. Man sollte deshalb von Oktober bis März zusätzlich mit Kunstlicht beleuchten.
Je nach Bedarf kann man morgens und abends, nur abends oder an sehr trüben Tagen von morgens bis abends durchgehend zusätzlich beleuchten. Auf diese Weise lassen sich Pflanzen auch in Räumen ohne Tageslicht erfolgreich kultivieren. Eine von mir durchgeführte Versuchsreihe mit zusätzlichem Kunstlicht erbrachte beachtliche Wachstumswerte. Die Versuchsreihe wurde im Dezember, also in der lichtärmsten Jahreszeit, durchgeführt. Zusätzlich beleuchtete Pflanzen wuchsen dreimal so schnell wie die Kontrollpflanzen der gleichen Art zur gleichen Zeit bei Tageslicht.

Beleuchtung rechteckiger Flächen

- Lampenkörper Philips TCS 608; für Feuchträume die wassergeschützte Ausführung TMW (freistrahlend) oder die Wannenleuchte TCW. Ver-

wenden Sie möglichst Lampen für zwei Röhren.
Dazu wachstumsfördernde Leuchtstoffröhren:

- Osram Flora 77, gemischt mit Lumilux Lichtfarbe 11 oder
- Philips Tl-D Super 80, Lichtfarbe 83, Warmton, gemischt mit Tageslicht der Lichtfarbe 84, weiß.

Zusatzbeleuchtung für die Fensterbank

- Osram Flora Set Pendel- oder Wandleuchte (80 Watt) mit Vorschaltgerät. Diese Lampe zeichnet sich durch geringen Stromverbrauch, lange Lebensdauer und gute Farbwiedergabe aus.
- Philips MLR (160 Watt) Mischlichtlampe ohne Vorschaltgerät. Hier ist der Stromverbrauch zwar höher, die Lampe bringt jedoch auch mehr Licht für das Wachstum.

Mit den empfohlenen Lampen erreicht man 500 – 1500 Lux, je nach Abstand von den Pflanzen (50 – 100 cm).
Für ein Fenster von ca. 1,50 m Länge werden zwei Lampen benötigt.
Lampenkörper gibt es in verschiedenen Formen und Farben, je nach Geschmack.

Beleuchtung von Wintergärten, Hobbygewächshäusern und größeren Pflanzgruppen
Für diese Räume verwendet man am besten Strahler mit Halogen-Metalldampflampen. Schwenkbare Strahler mit Vorschalt- und Zündgerät, Reflektor und evtl. einem Blendschutz sind zweckmäßig.

- HD-Strahler FLOOD, Firma Hoffmeister (wenn der Strahler wassergeschützt sein soll, wenden Sie sich bitte an den Fachhandel). Der Strahler wird direkt an der Decke oder an einer Lichtschiene montiert.
- Für vorgenannten Strahler empfehle ich die Osram-Lampe Power Star HQI TS WDL Warmton (70–250 Watt). Diese Halogen-Metalldampflampe zeichnet sich durch hohe Lichtausbeute, hervorragende Farbwiedergabe, lange Lebensdauer und hohe Luxwerte für das Pflanzenwachstum aus.
- Lampe für das Hobbygewächshaus: Philips SGR 140 Kombi mit einer Hochdruck-Natriumdampflampe SONT-T Agro, 400 Watt. Es handelt sich hier um eine Pflanzenaufzuchtleuchte mit besten Wachstumswerten, die jedoch für einen Schauwintergarten wegen der Farbverfälschung weniger geeignet ist.

Strahler für Akzentbeleuchtung

- Philips SDW-T-Strahler, schwenkbar, mit Hochdruck-Natriumdampflampe. Der Strahler eignet sich sehr gut für den Wohnbereich oder Wintergarten zur Beleuchtung einzelner Pflanzgruppen. Er hat einen 12°- oder 36°-Spiegelreflektor und kann an die Wand oder an eine Lichtschiene montiert werden. In zwei bis drei Meter Entfernung bringt der Strahler noch genügend Licht mit ausgezeichneter Farbwiedergabe.

Alle empfohlenen Lampentypen wurden bei mir im Wintergarten erprobt. Weitere Einzelheiten und Prospekte, auch über andere Lampen und Hersteller, erhalten Sie im Fachhandel oder direkt bei den Herstellerfirmen.

Tip:

Sehen Sie für die Beleuchtung eine Schaltuhr vor, damit die Lampen sich selbständig ein- und ausschalten, sowie eine Handschaltung zur manuellen Bedienung. Auf diese Weise können Sie ab November bis März den 12- bis 14-Stunden-Tag künstlich einrichten, z.B. bei hellem Wetter eine Beleuchtung von 8–10 Uhr und 16–20 Uhr und an ganz trüben Tagen volle Beleuchtung den ganzen Tag.

Luftfeuchtigkeit

Orchideen wachsen in den Tropen bei hoher Luftfeuchtigkeit, die in den Nachtstunden höher ist als am Tag. Die relative Luftfeuchtigkeit beträgt dort tagsüber 30–70 %, bei Nacht 70–100 %. Trockene Heizkörperluft ist weder für Orchideen noch für Menschen gut. Deshalb sollten wir unsere Pflanzen vor heißer, trockener Luft schützen.
Im Wohnraum läßt sich der Feuchtigkeitsgehalt der Luft in verschiedener Weise steigern:

- Wassergefüllte Behälter mit großer Verdunstungsoberfläche auf den Heizkörper oder den Fenstersims stellen.

Erhöhung der Luftfeuchtigkeit auf der Fensterbank
1 Wassergefüllte Pflanzwanne mit Blähton und umgedrehten Blumentöpfen, auf die die Orchideen gestellt werden. Anstatt der Töpfe kann man auch Topfuntersetzer oder einen Gitterrost vorsehen, allerdings dürfen die Pflanzen nicht im Wasser stehen.
2 Wassergefüllte Plastikpflanzschale mit Blähton, auf dem die Orchideen plaziert werden. Auch bei dieser Möglichkeit dürfen die Pflanzen nicht im Wasser stehen.

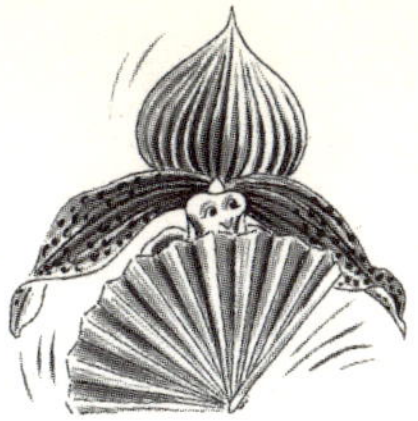

- Wassergefüllte Schalen aus Kunststoff mit Kieselsteinen oder Blähton (vergrößerte Verdunstungsoberfläche) füllen und die getopften Pflanzen darauf stellen. Statt der Steine kann man auch einen Rost oder umgestülpte Blumentopfuntersetzer einlegen, aber so, daß sie den Wasserspiegel überragen und die Pflanzen nicht im Wasser stehen. Das verdunstende Wasser erhöht die Luftfeuchtigkeit rings um die Pflanzen.
- Elektrische Luftbefeuchter, die nach dem Zerstäuberprinzip arbeiten, blasen feinste Wassertröpfchen in die Luft. Am günstigsten sind Geräte mit automatischer Regelung, die sich bei einem Minimum an Luftfeuchtigkeit von selbst einschalten und sich bei Erreichen der gewünschten Luftfeuchtigkeit ebenso selbsttätig abschalten.

Im geschlossenen Blumenfenster ist darauf zu achten, daß die Luftfeuchtigkeit nicht dauernd 80–100 % beträgt. Man müßte sonst mit Pilz- und Bakterienkrankheiten rechnen.

Für die Fensterbank wie für das Blumenfenster haben sich Ultraschall-Raumluftbefeuchter gut bewährt. Sie zerstäuben so fein, daß sich nirgends ein Niederschlag bildet.

Frischluft

Orchideen sollten soviel wie nur irgend möglich frische, bewegte Luft erhalten. Viele von ihnen wachsen daher im sommerlichen Garten besonders gut. Vor Zugluft allerdings sollte man sie schützen; sie kann vor allem in der kühlen Jahreszeit den Pflanzen schaden.

Wie alle Grünpflanzen brauchen auch Orchideen das Kohlendioxid der Luft zum Assimilieren. Sie nehmen es tagsüber mit den Blättern über die Spaltöffnungen auf und geben gleichzeitig Sauerstoff ab. Wir sollten deshalb darauf achten, daß sich durch Sprühen oder Gießen mit kalkhaltigem Wasser kein Kalkschleier auf der Blattunterseite bildet, denn die Spaltöffnungen, die sich in der Regel dort befinden, dürfen nicht durch Kalkablagerungen verschlossen und in ihrer lebenswichtigen Funktion gestört sein.

Äthylen entsteht bei Verbrennungsvorgängen, wird aber auch von gelagertem Kernobst, z. B. Äpfeln, abgegeben. Dieses Gas bewirkt bei Orchideen das Abfallen von Blüten und Blütenknospen, im Gegensatz zu Bromelien, die dadurch zu vorzeitiger Blüte angeregt werden. Man sollte daher nie Äpfel oder Birnen in größerer Menge mit Orchideen im gleichen Raum lagern oder Substanzen wie Esbit in der Nähe aufbewahren.

Der Luftsauerstoff ist besonders bei epiphytischen Orchideen für ein gutes Gedeihen der Pflanzen, vor allem aber der Wurzeln, unerläßlich. Er verhindert Fäulnis. Die luftgefüllten Zellen des Velamens (= äußere Zellschichten der Wurzeln) reflektieren das Licht und schützen so das Wurzelinnere vor Verbrennungsschäden.

Auch die in Erde wachsenden Orchideen gedeihen am besten in einem gut durchlüfteten Substrat. Deshalb sollte

man eingetopfte Orchideen mit einer Dränage aus Styropor oder Tonscherben am Topfboden vor Staunässe schützen. Achten Sie darauf, daß die Abzuglöcher Ihrer Pflanzgefäße groß genug und nicht verstopft sind.
An ihren Heimatstandorten wachsen die Orchideen in fast ständig bewegter Luft. Selbst in niederschlagsreichen Gebieten trocknen die Pflanzen daher schnell ab, es entsteht kein Luftstau.
An einem offenen Blumenfenster oder auf der Fensterbank kann man davon ausgehen, daß die vom Heizkörper aufsteigende Warmluft stets eine gewisse Luftzirkulation im Zimmer bewirkt. Wer sichergehen will, montiere sich einen kleinen Ventilator so an die Innenseite des Fensters, daß die Luft über die untere Hälfte der Glasfläche streicht. Auf diese Weise bilden sich keine heißen Luftpolster, die besonders im Frühjahr und im Sommer den Pflanzen gefährlich werden können.
Im geschlossenen Blumenfenster ist eine kontinuierliche Luftumwälzung noch wichtiger, vor allem um Krankheiten zu verhüten.
Günstig sind hier mehrere Ventilatoren. Außerdem sollte man dafür sorgen, daß frische Luft zu- und verbrauchte Luft abgeführt wird. Dafür eignen sich Lüftungsschieber im oberen und unteren Bereich des Fensters. Im Winter muß die zugeführte Frischluft allerdings erwärmt werden – notfalls kann man dann Zimmerluft zuführen.
Sorgen Sie immer für frische und bewegte Luft, so werden Ihre Pflanzen kaum Pilzbefall und Fäulnis haben.

Gießwasser

Wasserqualität

Für den Kulturerfolg kann die Wasserqualität ausschlaggebend sein. Leitungswasser ist bedingt verwendbar. Die Wasserhärte darf höchstens 13° dH (deutsche Härte) betragen. Der pH-Wert sollte im leicht sauren Bereich bei 6,5 liegen, kann aber durchaus etwas schwanken. Geräte zum Messen des pH-Wertes, sogenannte pH-Meter, erhalten Sie im Gartenfachhandel und Zoohandel.
Es gibt verschiedene Möglichkeiten, Gießwasser zu beschaffen und eventuell verwendbar zu machen.

- Leitungswasser kann, wenn es zu hart ist, enthärtet und gleichzeitig leicht angesäuert oder verbessert werden mit:
  – Torf (kein Düngetorf). Beutel mit Torf füllen und in den Wasserbehälter hängen oder Wasser über Torf filtern.
  – Ionenaustauscher. Durch Absorption am Ionenaustauscher werden dem Wasser die für Orchideen ungünstigen Ionen entzogen und andere, günstigere Ionen dafür abgegeben. Verwendet man ein Vollentsalzungsgerät, so muß das vollentsalzte Wasser aber wieder mit abgestande-

Oben links: Schöner Epiphytenstamm (siehe Seite 44 f., 59 ff.)
Oben rechts: *Sophrolaeliocattleya* 'Jewel Box' (siehe Seite 52 unter *Laelia*-Hybriden)
Unten: *Laelia gouldiana* (siehe Seite 52)

Gießwasser

nem Leitungswasser (2:1) vermischt werden.
Wird Leitungswasser direkt zum Gießen verwendet, muß es abgestanden sein.

- Regenwasser eignet sich vorzüglich zum Gießen, wenn es nicht zu stark verunreinigt ist. Notfalls kann man es durch Filtern über Aktivkohle und Kies reinigen. Eine Mischung mit Leitungswasser ist vorteilhaft.
  Reines Regenwasser sollte einen pH-Wert von 6,5–7,0 haben. Durch wasserlösliche Schadstoffe in der Luft wird es aber häufig angesäuert. Sein pH-Wert liegt dann vielfach im sauren Bereich.

Wassertemperatur

Die Temperatur des Gießwassers sollte annähernd der Raumtemperatur entsprechen; am besten ist handwarmes Wasser. Zu kaltes Gießwasser verursacht Blattflecken und Fäulnis, die das Leben der Pflanzen bedrohen.

Richtiges Gießen

Richtiges Gießen setzt beim Orchideenliebhaber Erfahrung und etwas Feingefühl voraus. Der Wasserbedarf unserer Orchideen hängt ab von Temperatur, Luftbewegung, Pflanzsubstrat, Sonnenscheindauer und Lichtstärke, aber auch vom jeweiligen Zustand der Pflanzen, ob sie sich im Wachstum oder in Ruhe befinden. Während der Wachstumszeit trocknen Pflanzen und Substrat bei über 20 °C, viel Sonne und guter Luftbewegung schnell ab.
Orchideen möchten nicht ständig naß sein. Auch das Substrat, in dem sie wachsen, sollte immer wieder abtrocknen und erneut benetzt werden. Dieser Wechsel von feucht und trocken sagt den meisten Orchideen zu. Vor allem die Arten mit ausgeprägten Pseudobulben und derbem Blattwerk wie *Brassia, Cattleya, Encyclia,* viele *Oncidium*-Arten und *Schomburgkia* sind auf Trokkenperioden angewiesen, weil sie dann von dem in den Pseudobulben gespeicherten Wasser leben.
Orchideen ohne Pseudobulben oder mit zartem Blattwerk dürfen dagegen nicht so stark austrocknen, weil sie kein wasserspeicherndes Gewebe ausbilden. Dasselbe gilt für Orchideen der niederschlagsreichen Nebelwälder. Dies ist besonders bei *Masdevallia, Miltonia, Odontoglossum, Paphiopedilum* und *Phalaenopsis* zu beachten.
Mit beginnendem Austrieb und neu einsetzendem Wurzelwachstum benötigt die Pflanze mehr Wasser. Während der Hauptwachstumszeit, vom Frühjahr bis in den Sommer, haben die Orchideen daher einen erheblich höheren Wasserbedarf als während des Winters.
Die Wintermonate entsprechen der Trockenperiode, auf die viele Orchideen angewiesen sind. Die Orchideen blühen nämlich zu Beginn oder wäh-

Verschiedene *Cattleya*-Hybriden (Kreuzungen mit *Brassavola, Cattleya* und *Laelia*) im Wintergarten des Autors (siehe Seite 49, 50, 52)

rend einer Trockenperiode, manche auch danach, also zu Beginn einer Wachstumsperiode. Wird diese Ruhezeit nicht eingehalten, blühen viele Orchideen nicht und bilden nur Neutriebe, die jedoch nicht kräftig sind.
Die meisten Orchideen treiben im Frühjahr neu aus. Richtig gepflegt, besitzen sie dann kräftiges Blattwerk und pralle Pseudobulben. Zeigen sie nicht dieses gesunde Aussehen, ist für rasche Abhilfe zu sorgen. Ein zu lang anhaltender schlechter Zustand kann bedeuten, daß der Blüherfolg für ein Jahr ausfällt oder die Pflanze gar abstirbt.
Schlaffes Blattwerk deutet meist auf Wassermangel oder erkrankte Wurzeln hin (siehe Kapitel »Pflegefehler«, S. 24 ff.).
Ganz genaue Angaben lassen sich über das Wässern nicht machen, da die Häufigkeit des Gießens nicht nur vom Wasserbedarf der Pflanze, sondern auch von äußeren Faktoren (Standort, Pflanzsubstrat, Pflanzgefäße, Luftfeuchtigkeit usw.) abhängt. Allgemein können Sie sich an folgende Richtlinien halten:

- Aufgebundene Pflanzen (auf Kork oder Holz) während der Wachstumszeit zwei- bis dreimal pro Woche tauchen, im Hochsommer morgens und abends besprühen.
- Die wenigen Pflanzen mit strenger Ruhezeit bei Sonnenschein im Winter ab und zu besprühen, damit Pseudobulben und Blätter nicht schrumpfen.
- Pflanzen (es handelt sich hierbei um die Mehrzahl der Orchideen), die auch im Winter mäßig feucht zu halten sind, einmal wöchentlich an einem hellen Tag tauchen oder gründlich gießen.
- Topfpflanzen während der Wachstumszeit ein- bis zweimal wöchentlich gründlich gießen. Im Winter einmal pro Woche schwach gießen; nur wenn durch Heizungswärme viel Wasser verdunstet, kann zweimal schwach gegossen werden.

Wenn das Pflanzsubstrat an der Oberfläche leicht abgetrocknet ist, befindet sich im Wurzelbereich noch genügend Feuchtigkeit (bei Kunststofftöpfen, jedoch nicht bei Tontöpfen!).
Ein Zuviel an Wasser schadet, selbst bei regelmäßigen Gaben, im Sommer nicht. Im Winter dagegen sollte man mit Wasser zurückhaltend sein, damit die Pflanzen zur Ruhe kommen.

Pflanzsubstrat

Im Gegensatz zu anderen Topfpflanzen wird für tropische Orchideen nur in Spezialfällen Erde verwendet. Das Substrat für unsere Orchideen sollte strukturstabil sein, sich also nicht oder nur langsam zersetzen. Es muß Wasser aufnehmen und halten können, doch so, daß sich keine Staunässe bildet. Die Pflanzen müssen trotz der lockeren Zusammensetzung genügend Halt finden.
Für den Orchideenliebhaber, der sein Substrat entsprechend dem Bedürfnis der vorhandenen Pflanzen und seiner Kulturart selbst herstellen möchte, sollen folgende Beispiele Anregungen geben.

Epiphytisch pflanzen auf Holz

Substrat für Epiphyten

Epiphyten mit langen Luftwurzeln wie *Aerides, Angraecum, Rhynchostylis, Vanda,* verschiedene Oncidien und andere benötigen kaum ein Substrat, da ihre Wurzeln vorwiegend zu Haftorganen umgewandelt sind, mit denen sie sich direkt an der Unterlage festhalten können. Diese Pflanzen werden in Körbchen kultiviert oder mit Perlonschnur auf Holzstücke, Kork bzw. Farnbretter gebunden (siehe Kapitel »Epiphytische Pflanzweise«, S. 44f.).

Pflanzsubstratgemisch

Mischung für 10 Liter:

55% Rinde (grob - mittel - fein, entsprechend der Pflanzengröße, grob für ältere Pflanzen, fein für Jungpflanzen)
10% Korkschrot
20% Weißtorf (grob)
10% Styroporkügelchen
5% Holzkohle

Für die Rindenmischung haben sich am besten vorbehandelte Kiefernrinden bewährt (keine Rinden sammeln!). Zum Teil finden auch Zusätze von Holzsplittern des Merantiholzes anstatt Rinde und Steinwolle anstelle von Torf für das Wasserhaltevermögen Verwendung.
Da Rinde kaum Nährstoffe enthält, die die Pflanzen verwerten können, sollte man eine Grunddüngung des Pflanzsubstrates vorsehen.

Auf 10 Liter:

30–50 g Knochen- oder Hornmehl
10 g Radigen-Spurenelemente
10 g Guano
30–50 g Kalk ($CaCO_3$) oder den aus Algen hergestellten Kalk, der noch $MgCO_3$ und Kieselsäure sowie Spurenelemente enthält.

Wem das Beschaffen der Grundstoffe Schwierigkeiten bereitet, der kann im Orchideenzubehörhandel (siehe S. 70) oder bei einem Orchideengärtner fertig gemischte Substrate bekommen, die nach den neuesten Erkenntnissen zusammengesetzt sind.

Die richtige Pflege

Düngung

Im Gegensatz zu anderen Zimmerpflanzen verlangen die meisten Orchideen nur wenig Nährstoffe, vor allem die Epiphyten, die in ihrer Heimat auf Bäumen wachsen und so auf ein spärliches Nahrungsangebot eingestellt sind. Bei ihnen sollte man mit dem Düngen sehr zurückhaltend sein. Wer Orchideen in nährstoffarmen oder gar -freien Substraten wie Kiefernborke, Kunstfasern oder Orchid Chips wachsen läßt, muß ihnen regelmäßig Nährstoffe zuführen.

Düngerarten

Bewährt haben sich Mineralvolldünger ebenso wie organische Dünger. Wichtig ist dabei eine schwache Nährsalzkonzentration (ca. die Hälfte der angegebenen Menge). Die Mineraldünger lassen sich genauer dosieren, was für die Grunddüngung vorteilhaft ist. Man düngt nur zwei- bis viermal monatlich während der Hauptwachstumszeit und gießt sonst normal.
Am sinnvollsten ist aus meiner Sicht ein stetiger Wechsel von Mineraldünger und organischem Dünger, da letzterer unter anderem wertvolle Spurenelemente enthält. Wer im Düngen unsicher ist, handle nach der Devise: Lieber einmal zuwenig als einmal zuviel.

Variation des Düngers je nach Jahreszeit

Im Frühjahr und Frühsommer, wenn fast alle Orchideen im Trieb sind, arbeitet man mit stickstoffbetonten Düngern; anschließend bevorzugt man Dünger, die mehr Phosphor und Kalium enthalten. Empfehlenswert ist aber auch die durchgehende Verwendung von Düngern mit Kalium, Phosphor und Stickstoff im Verhältnis 1:1:1.
Einige Orchideen wie *Catasetum* und *Cymbidium* vertragen höher konzentrierte Düngerlösungen als ihre Verwandten.

Ausgleich von Nährstoffmangel durch gezieltes Düngen

Wer seine Pflanzen regelmäßig beobachtet, bekommt allmählich einen Blick dafür, ob und welche Nährstoffe fehlen. Ein sehr schwach ausgebildeter Neutrieb kann auf Nährstoffmangel, aber auch auf Wurzelschäden zurückzuführen sein (kontrollieren!). Fehlt es an wohlausgebildeten Wurzeln, kann man vorsichtig über die Blätter düngen (Achtung: Dünger verwenden, die über die Blätter wirken; Gebrauchsanweisung beachten!).
Hellgrüne Blätter, manchmal mit helleren Flecken, sind oft Anzeichen für Eisenmangel, der durch entsprechende Dünger leicht zu beheben ist.
Braune bis fast schwarze Blattspitzen entstehen oft durch Kalkmangel. Kalkgaben in Form von kohlensaurem Kalk ($CaCO_3$) schaffen hier Abhilfe. Auch etwas pulverisierter Dolomit oder Muschelkalk helfen. Drei- bis viermal im Jahr stäubt man damit die Oberfläche des Pflanzsubstrats ein.

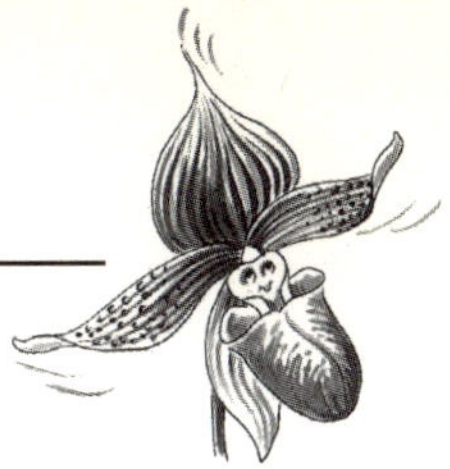

Wachstum und Ruhezeit

In der Heimat der Orchideen gibt es jährlich eine oder zwei große Regenzeiten mit ausgeprägten Trockenperioden dazwischen. Das sollten wir bei der Kultur dieser Pflanzen berücksichtigen.
Nun lassen sich in unserem Klimabereich derartige Trocken- und Regenzeiten kaum nachahmen. Hier bestimmt der Winter den Beginn der Trockenzeit (= Ruhezeit). Die Wachstumszeit der Orchideen wird bei uns fast ausnahmslos auf Frühjahr und Sommer eingeschränkt. Die Ruhezeit fällt in den Winter.
Viele Orchideen wachsen von Natur aus langsam, erst recht in unserem Klimabereich. Bei ihnen müssen wir im Sommer besonders darauf achten, daß sie ausreichend Substanz bilden und kräftig genug den lichtarmen Winter überstehen können. Wichtig ist deshalb vor allem der Standplatz während des Wachstums: möglichst hell und bei Bedarf schattiert. Die Temperatur soll 5–10 °C höher sein als im Winterquartier, die Luftfeuchtigkeit dagegen gleich bleiben. Hinzu kommt ausreichendes Wässern und Düngen nach Bedarf.
Im Frühjahr, wenn die Tage länger werden und die Pflanzen zunehmend mehr Licht und Wärme erhalten, treiben sie aus. Günstiger wirkt sich ein verfrühter Austrieb aus, der durch zusätzliche Bodenwärme oder Anheben der Raumtemperatur schon ab Februar künstlich herbeigeführt werden kann. Je früher die Neutriebe erscheinen, desto mehr Zeit bleibt ihnen zum Ausreifen, und desto gekräftigter gehen sie in den Winter. Sowie sich die ersten Triebspitzen zeigen, steigern wir die Wassergaben und beginnen mit dem Düngen.
Orchideen gehen eher durch Wasserüberschuß als durch Wassermangel zugrunde. Für sie gilt daher, besonders während der Ruhezeit: Im Zweifelsfall lieber einmal öfter sprühen und dafür weniger gießen. Dazu sollten sie möglichst hell stehen, im übrigen darf hier das Schlagwort »gezielte Vernachlässigung« durchaus angewendet werden.
Orchideen, die keine wasserspeichernden Pseudobulben besitzen, muß man das ganze Jahr über gleichmäßig feucht durchkultivieren. Das sind z. B. *Aerides, Ascocentrum, Bollea, Cochleanthes, Comparettia, Doritis, Paphiopedilum, Phalaenopsis, Phragmipedium, Rhynchostylis, Rodriguezia* und *Vanda*.
Durchkultivieren muß man auch Orchideen der feuchten Bergwälder wie *Masdevallia, Miltonia* und *Odontoglossum*.
Die meisten Orchideen aus Gebieten mit Trockenzeiten können Wasser und Nährstoffe in speziellen Geweben (Pseudobulben und/oder Blätter, Rhizome, Wurzelorgane) speichern. Je ausgeprägter die Trockenzeiten im Herkunftsland sind, desto besser entwickeln sich die wasserspeichernden Gewebe und desto derber sind oft die Blätter. Diesen Pflanzen sollte eine Ruhezeit eingeräumt werden. Im Herbst, wenn die Tage kürzer werden, Helligkeit und Belichtungsdauer abnehmen, auch die Temperatur zurückgeht, können diese Orchideen nicht mehr mit voller Kraft assi-

milieren; sie verbrauchen weniger Feuchtigkeit und stellen sich auf eine Art Ruhe ein, die in gewisser Weise ihrem Zustand während der heimatlichen Trockenzeit entspricht. Wir gießen dann nur noch so viel, daß die Pflanzen nicht schrumpfen, und geben nach Möglichkeit etwas Zusatzlicht.

Die relative Luftfeuchtigkeit bleibt durch die niedrigere Temperatur höher; wir brauchen daher nur an sonnigen Tagen die Pflanzen hin und wieder etwas einzunebeln.

Die meisten Orchideen mit Speichergewebe lassen sich auch durchkultivieren; doch bringen sie dann im Winter oft schwächliche Neutriebe (Lichtmangel!) hervor, die Gefahr des Faulens ist erhöht, und der nächste Trieb erscheint zu spät. Solche Spättriebe sind anfälliger gegen Krankheiten und bringen nur wenige oder keine Blüten.

Wenige Orchideen nehmen Wassergaben während der Ruhezeit sehr übel. Es sind die laubabwerfenden Arten von *Calanthe, Catasetum, Cycnoches, Cyrtopodium* und *Mormodes*. Oft faulen sie über Nacht. Nur ein entschlossener Schnitt mit dem Messer tief in den noch grünen Bereich sowie Auspudern der Schnittstelle, z. B. mit pulverisierter Holzkohle, kann sie noch retten.

Hier einige Arten mit leichter Ruhezeit: *Brassavola, Brassia, Cattleya, Coelogyne, Dendrobium, Encyclia, Epidendrum, Laelia, Lycaste* und *Oncidium.*

Pflegefehler und Problemlösung

Blüten werden schlaff, fallen ab, Knospen trocknen ein

Ursache	*Abhilfe*
● Zuwenig Wurzeln	● Pflanzen auf Wurzelschäden untersuchen und gegebenenfalls umtopfen.
● Pflanze war Temperaturen unter 13 °C ausgesetzt.	● Pflanzen wärmer kultivieren.
● Kalte Zugluft	● Vor Zugluft schützen.
● Lichtmangel im Winter ● Transportschäden importierter Orchideen durch den bedingten Lichtmangel im LKW oder auf Großmärkten	● Pflanzen mit Zusatzlicht beleuchten. ● Beim Kauf nach der Herkunft fragen oder direkt beim Züchter kaufen.
● Äthylengas von Kernobst oder Verbrennungsgase	● Kein Obst im Raum lagern, Verbrennungsgase im Zimmer vermeiden.

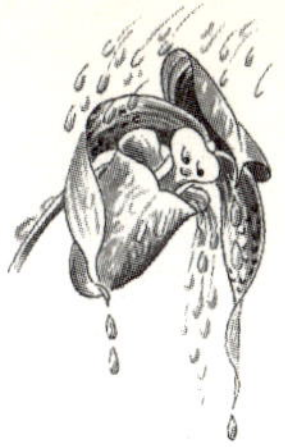

Dunkle Punkte und Flecken auf den Blüten

Ursache	*Abhilfe*
● Zu hohe Luftfeuchtigkeit in geschlossenen Kulturräumen, wie z.B. im geschlossenen Blumenfenster, in der Glasvitrine oder im Hobbygewächshaus, wenn die Blüten vom Sprühen am Abend noch nicht abgetrocknet sind. Es entwickelt sich Botrytis (Pilz).	● Luftfeuchtigkeit durch mehr Belüftung senken. ● Durch Einsatz eines Ventilators stehende Luft vermeiden.

Orchidee will nicht blühen

Ursache	*Abhilfe*
● Die Pflanze hat noch nicht die blühfähige Größe erreicht. Die Pseudobulben (Wasserspeicherorgane) sind noch nicht ausgereift. ● Der neue Jahrestrieb kommt in die lichtarme Jahreszeit. Durch den bedingten Lichtmangel wird der neue Trieb zu schwach.	● Pflanzen optimal kultivieren, besonders in der Wachstumszeit die Orchideen aufmerksam beobachten. ● Den Pflanzen von September bis Oktober genügend Licht geben, nur bedingt schattieren. ● Mit kalireichem Dünger den Pflanzenkörper kräftigen, v.a. ab September.
● Mangel an Wurzeln	● Umpflanzen
● Düngermangel	● In der Wachstumszeit stickstoffreichen Dünger, im Herbst und Winter phosphor- und kalireichen Dünger für die Blütenbildung verwenden (im Handel als Blütendünger erhältlich).
● Nichteinhaltung der strengen Ruhezeit, besonders bei Orchideen mit Bulben.	● Pflanzen mit Ruhezeit im Winter weniger gießen, nicht düngen. Mit dem Jahrestrieb, der im Frühjahr beginnt, kommt auch der Blüherfolg im Herbst oder Winter.

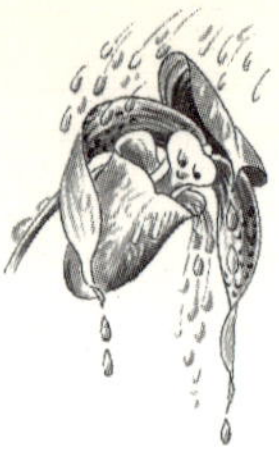

Ursache	*Abhilfe*
● Zu hohe Nachttemperaturen	● Orchideen der subtropischen Zone temperiert halten. ● Nebelwaldorchideen der Anden oder anderer Bergregionen Mittel- und Südamerikas ab Mitte Mai bis Anfang Oktober im Garten pflegen. ● Warm zu kultivierende Pflanzen der tropischen Zone, die die blühfähige Größe haben, kann man für vier bis acht Wochen bei kühleren Nachttemperaturen (14–18 °C) pflegen. Bei *Phalaenopsis, Dendrobium* und vielen anderen erreichen Sie auf diese Weise eine Blühinduktion.

Schlaffe Blätter

Ursache	*Abhilfe*
● Durch zu vieles Gießen sind die Wurzeln verfault.	● Pflanze umtopfen. Faulige Wurzeln und Blätter vorher entfernen. Luftwurzeln, die außerhalb des Topfes gewachsen sind, mit in den neuen Pflanztopf eintopfen. Die Pflanze evtl. zur schnelleren Wurzelbildung unter Plastikfolie bei hoher Luftfeuchtigkeit pflegen.
● Bei gutem Wurzelwerk wurde besonders bei warmem Wetter zuwenig gegossen und gesprüht, oder die Pflanze steht zu nah am Heizkörper.	● Gießkultur ändern, öfter sprühen, Pflanze vor trockener Heizkörperluft schützen.

Blattflecken

Ursache	*Abhilfe*
● Gelbe und braune bis schwarze Flecken werden durch Pilze oder Bakterien verursacht.	● Befallene Pflanzen getrennt pflegen oder evtl. die ganze Pflanze vernichten (bei Ansteckungsgefahr!).

Ursache	*Abhilfe*
● Blätter wurden bei zu kühlem Standort zu oft gesprüht. ● Zu hohe Luftfeuchtigkeit ● Wenig Luftumwälzung	● Raumtemperatur erhöhen. ● Nach dem Sprühen Ventilator laufen lassen. ● Luftfeuchtigkeit durch Lüften senken.
● Verbrennungen durch starke Sonneneinstrahlung hinter Glas.	● Pflanzen schattieren oder Standort verändern.

Braune Blattspitzen und -ränder an Orchideen und Blattpflanzen

Ursache	*Abhilfe*
● Gestörter Saftstrom im Blatt, besonders in den Wintermonaten (kann auch ein normaler Alterungszustand sein).	● Blattspitzen oder ganzes Blatt aus hygienischen und ästhetischen Gründen entfernen.
● Kalkmangel im Pflanzstoff	● Rinde und Torf im Pflanzstoff muß mit kohlensaurem Kalk ($CaCO_3$) aufgekalkt werden. Kalk entweder ins Gießwasser geben oder auf den Pflanzstoff streuen und mit hineingießen (Gebrauchsanweisung beachten!)
● Zu geringe Luftfeuchtigkeit, besonders in der Nähe eines Heizkörpers.	● Luftfeuchtigkeit durch vermehrtes Sprühen erhöhen, Wasserverdunstungsflächen schaffen, elektrische Luftbefeuchter.
● Wurzelballen ist mehrmals stark ausgetrocknet. Durch Überdüngung in Verbindung mit Austrocknung werden Wurzelschäden besonders bei Farnen und Orchideen hervorgerufen.	● Ballen nie völlig austrocknen lassen. ● Düngerkonzentration verringern. ● Pflanzen nur im feuchten Zustand düngen. ● Pflanzstoff mit Wasser gründlich durchschwemmen.
● Starke Erwärmung der Wurzeln durch Bodenheizung oder Sonneneinstrahlung.	● Besonders Blattpflanzen bei Bodenheizung nicht auf den Boden stellen und Topf vor Sonne schützen.

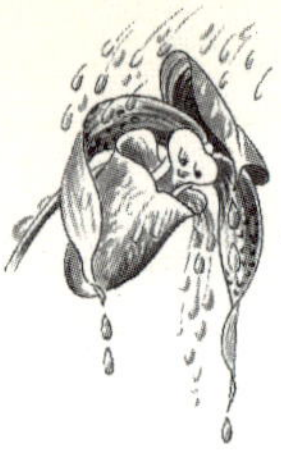

Ziehharmonikawuchs an den Blättern

Ziehharmonikawuchs ist keine Krankheit, sondern eine Wuchsstörung, die hauptsächlich bei weichblättrigen Orchideen wie *Miltonia, Odontoglossum* und *Oncidium* vorkommt.

Ursache	*Abhilfe*
● Zu geringe Luftfeuchtigkeit, gleichzeitig zu hohe Nachttemperaturen.	● Trockene Heizkörperluft vermeiden, etwas kühler kultivieren, z. B. im ungeheizten Zimmer mit Nordfenster, oder im Sommer Gartenkultur.
● Zu hohe Düngerkonzentration	● Bei handelsüblichen Düngern nur die Hälfte der angegebenen Menge verwenden.
● Keine Wurzeln	● Pflanze umpflanzen oder in einer Plastiktüte mit Moos sehr feucht halten, bis die Pflanze neue Wurzeln treibt.
● Zu geringe Feuchtigkeit im Wurzelbereich	● Pflanze feuchter halten und öfter sprühen.

Wurzelschäden

Ursache	*Abhilfe*
● Bodenpilze, die, begünstigt durch Kulturfehler, die Wurzeln schwarz werden lassen.	● Alle weichen und schwarzen Wurzeln entfernen.
● Ungeeigneter Pflanzstoff, der zu lange das Wasser hält und zuwenig luftdurchlässig ist.	● Das Wurzelwerk gründlich abwaschen, neu einpflanzen oder, wenn bei der Pflanze möglich, epiphytisch aufpflanzen. Bei epiphytischer Pflanzweise entstehen weniger Wurzelschäden. ● Luftdurchlässigen Pflanzstoff verwenden.

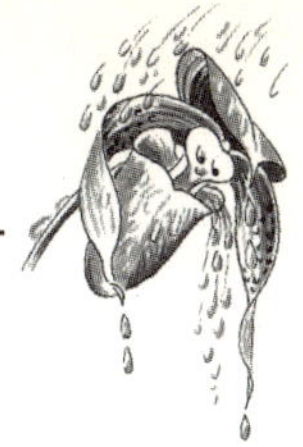

Ursache	*Abhilfe*
● Staunässe im Übertopf	● Wasser nach dem Gießen aus dem Übertopf entfernen oder den Pflanztopf auf Blähtonkugeln stellen, damit die Wurzeln nicht direkt im Wasser stehen.
● Zu kühler Standort	● Orchideen am Wurzelwerk warm halten durch spezielle Bodenheizung (siehe Orchideenzubehör, S. 70).
● Wurzeln sind salzempfindlich, besonders die feinen Wurzeln von *Oncidium, Miltonia* und *Odontoglossum* sowie die behaarten Wurzeln von *Paphiopedilum.*	● Bei handelsüblichem Dünger nur die Hälfte der angegebenen Menge oder speziellen Orchideendünger verwenden.
● Natürlich abgestorbene Wurzeln, die ihre Funktion erfüllt haben.	● Zur Verhinderung von Fäulnis die Pflanzen umtopfen und abgestorbene Wurzeln entfernen. Jede Orchidee bildet bei Wachstumsbeginn im Frühjahr wieder neue Wurzeln.

Alle hier aufgezählten Pflegefehler und Problemlösungen sind Erfahrungen aus langjähriger Praxis. Mit etwas Gespür finden auch Sie eigene Problemlösungen, die speziell auf Ihre Kulturbedingungen abgestimmt sind.

Krankheiten, Schädlinge und ihre Bekämpfung

Vornehmlich geschwächte Pflanzen sind anfällig für Krankheiten und Schädlinge. Deshalb ist es besonders wichtig, gesunde, kräftige Pflanzen heranzuziehen. Nur sie besitzen genügend Widerstandskraft, um sich gegen geringen Schädlingsbefall und gegen Krankheiten in ihrer Umgebung erfolgreich zu wehren.
Das wichtigste Gebot bei der Kultur von Orchideen ist Sauberkeit. Dadurch lassen sich viele Krankheiten verhindern, und das Ausmaß eines Schädlingsbefalls kann in Grenzen gehalten werden.

Was ist zu tun?

- Abgestorbene Blätter und andere Pflanzenteile laufend entfernen.
- Pflanzsubstrat, auf dem sich Pilzrasen bilden, schnellstmöglich austauschen.
- Pflanzgefäße vor dem Weiterverwenden gut mit Seifenlauge auswaschen und zur Desinfektion in 2%ige Chinosollösung legen.
- Befallene Pflanzen sofort isolieren, um das Übergreifen auf benachbarte Pflanzen zu verhindern – auch schon bei bloßem Verdacht!
- Für gute Luftbewegung sorgen. Sie begrenzt von vornherein eine Pilzinfektion oder unterbindet sie gar.
- Die Luftfeuchtigkeit entsprechend dem Bedürfnis der Pflanzen konstant halten. Dadurch entstehen ungünstige Lebensbedingungen für Schädlinge.
- Selbstgesammeltes Pflanzsubstrat sorgfältig auf Schädlinge untersuchen, dann sterilisieren, um Schaderreger abzutöten. Die im Handel angebotenen Substratpackungen sind bereits steril.

Mit diesen an sich einfachen Maßnahmen läßt sich schon vieles verhüten. Trotzdem gelingt es nicht immer, die Orchideen vor Krankheiten zu schützen, sei es durch nachlässige Pflege während des Urlaubs, durch nicht einwandfreie Geschenkpflanzen oder andere Ursachen, die als solche oft nicht erkannt werden.
Im folgenden werden die wichtigsten der möglichen Krankheiten erklärt.

Pilzkrankheiten

Pilzinfektionen werden begünstigt, wenn bei stehender Luft an Blättern und Neutrieben sowie in den Blattachseln Feuchtigkeit nur langsam verdunstet. Zwar befinden sich überall in der Luft Pilzsporen – auch im Zimmer –, sie entwickeln sich jedoch nur unter ihnen zu-

sagenden Bedingungen. Beim Sprühen (besonders im Winter) sollten wir daher die Pflanzen nicht tropfnaß machen und den Ventilator am besten auf Dauerbetrieb schalten.
Alle befallenen Pflanzenteile sollten abgeschnitten und die Schnittstellen mit Holzkohlenpulver behandelt werden. Eventuell ist das Vernichten der befallenen Pflanze vorteilhaft, um eine Verbreitung der Krankheit zu verhindern.

Blattfleckenkrankheit
Tritt hauptsächlich an *Dendrobium, Lycaste, Miltonia, Odontoglossum, Phalaenopsis, Zygopetalum* u. a. auf.
Symptome: Punktförmige braune bis schwarze Flecken, die einen scharfen Kontrast zum gesunden Gewebe bilden.
Abhilfe: Befallene Blätter abschneiden. Kulturbedingungen ändern: Pflanzen wärmer und trockener halten, Blätter nicht oder nur bei sonnigem Wetter besprühen.

Stamm- und Herzfäule
Besonders anfällig sind geschwächte Pflanzen, vor allem *Paphiopedilum* und *Phalaenopsis*.
Symptome: Wurzelhals schrumpfend, wie eingeschnürt aussehend; bei *Paphiopedilum* vor allem Blätter mit nässenden gelblichen Flecken, die rotbraun werden; bei *Phalaenopsis* werden die Herzblätter schwarz und faulen.
Abhilfe: Kein Wasser im Herzblatt stehen lassen; gießen und sprühen in den Vormittagsstunden; Ventilator laufen lassen, damit das Wasser schnell verdunstet.

Umfallkrankheit oder **Schwarzfäule**
Wenn sie gelegentlich auftritt, dann vor allem bei *Cattleya* und deren Verwandten sowie bei Jungpflanzen.
Symptome: Blattränder und Neutriebe mit nässenden Wunden, schnell in Weichfäule übergehend; Wurzelhals schwarzbraun, in Fäulnis übergehend, dann plötzlich umknickend.
Abhilfe: Alle befallenen Pflanzen sofort vernichten.

Eine Behandlung von Pilzkrankheiten mit Fungiziden ist möglich. Diese Mittel sind jedoch teuer und umweltschädlich; man sollte daher auf ihren Einsatz verzichten. Besser ist es, die bestehenden Kulturbedingungen zu ändern (siehe auch Kapitel »Pflegefehler und Problemlösung«, S. 24 ff.).

Bakteriosen

Durch Bakterien verursachte Krankheiten treten nur selten auf.
Symptome: Von einem kleinen Punkt ausgehende Fäulnis; glasige, feuchte oder schleimige schwarzbraune Flecken.
Bei *Cattleya, Epidendrum* und *Odontoglossum* sind es fahlgelbe bis braune Flecken, die am Rand glasig sind und oft an der Blattspitze beginnen. Bei *Phalaenopsis* sind Bakteriosen häufiger; die Flecken beginnen mit einem kleinen Punkt an Herzblatt, Blattbasis oder Blattrand, werden schnell größer und matschig.
Abhilfe: Eine Heilung ist nicht möglich.

Kulturbedingungen ändern: weniger feucht, mehr Luftbewegung, Frischluft und Wärme.
Achten Sie auch beim Kauf Ihrer Pflanzen auf die beschriebenen Symptome.

Virosen

Diese Krankheiten treten bei fast allen Orchideen auf, besonders bei *Cymbidium* und *Phalaenopsis*. Sie sind oft schwer zu erkennen und von Pilzkrankheiten nicht leicht zu unterscheiden, was vor allem dem Anfänger Schwierigkeiten bereiten kann.
Symptome: Eine Virusinfektion kann sich durch verschieden abgestufte, hellgelbe bis braune, auch marmorierte helle Flecken (manchmal ringförmig) auf den Blättern äußern. Auch mißgebildete Blüten deuten häufig auf Virosen hin, selbst wenn zunächst die Symptome an den Blättern fehlen.
Abhilfe: Eine Bekämpfung der Virosen ist bisher nicht möglich; deshalb sollten befallene Pflanzen am besten beseitigt (verbrannt) werden. Um so wichtiger aber sind vorbeugende Maßnahmen:

- Messer vor jedem Schnitt mehrmals durch eine Kerzenflamme ziehen (sterilisieren) sowie Geräte, die für verschiedene Pflanzen benutzt werden, nur sterilisiert verwenden. So wird die Krankheitsübertragung von Pflanze zu Pflanze eingeschränkt.
- Tiere wie Schnecken und saugende Insekten energisch bekämpfen, da sie als Überträger diese Krankheiten verbreiten können.

Tierische Schädlinge

Saugende und fressende Schädlinge können oft verheerendes Unheil unter den Orchideen anrichten. Trotz aller vorbeugenden Maßnahmen muß stets mit ihrem Auftreten gerechnet werden. Für die Schädlingsbekämpfung im Wohnbereich möchte ich Ihnen hauptsächlich eine naturgemäße Bekämpfung empfehlen. Chemische Pflanzenschutzmittel können Sie im Gartenfachhandel kaufen. Dort wird man Sie auch beraten.

Blattläuse

Blattläuse treten häufig und in Kolonien auf.
Symptome: Wachstumshemmung, verkrüppelte junge Blätter und Triebspitzen. Schädlinge sichtbar.
Bekämpfung: Abstreifen oder Wegspülen mit Leitungswasser (nicht zu kalt wegen der Pflanzen), anschließend im Freien mit Spezialspray (z. B. Neudosan; Gebrauchsanweisung beachten!) besprühen. Vorsicht, den vorgeschriebenen Abstand der Spraydose vergrößern, um Kälteschäden an den Orchideen zu vermeiden!
Florfliegen oder räuberische Gallmükken, die man im Gartenfachhandel bestellen kann, können im Gewächshaus oder Wintergarten Blattlausbestände dezimieren.

Schild- und Schmierläuse

Schildläuse (mit braunem, in der Jugend gelbem Schild) sitzen an Trieben, Blättern und Blütenstengeln, Schmier-

läuse (weiß) meist auf Blättern und in Blattachseln.
Symptome: Wachstumsstörungen, Verkrüppelung. Schädlinge sichtbar.
Bekämpfung: Abstreifen und Abwaschen mit lauwarmem Wasser (+ einige Tropfen Spülmittel). Eier und in den Blattachseln sitzende Läuse können nur durch zusätzliche Bekämpfung mit Para Sommer oder Promanal (Mittel auf Basis von Paraffinöl; Gebrauchsanweisung beachten!) erfaßt werden.

Schnecken
Symptome: Verschiedene Arten von Nacktschnecken verursachen Fraßschäden an Wurzeln, Neutrieben und Blütenstielen. Sie können über Nacht ganze Bestände vernichten.
Bekämpfung: Verschiedene Methoden, gleichzeitig angewendet, bringen den besten Erfolg:

- Bier in flachen Schälchen zwischen den Pflanzen zieht Schnecken an. Sie ertrinken darin.
- Kartoffelhälften aushöhlen und auslegen, mit Höhlung nach unten.

Wichtige Schädlinge an Orchideen auf einen Blick
1 Trauermückenlarve an den Wurzeln, 2 Trauermücke, 3 Blattläuse, 4 Schildläuse an Blattunterseite, 5 Schmier- oder Wolläuse, 6 Gespinste mit Spinnmilben.

Schnecken sammeln sich darin und lassen sich leicht ablesen.

- Absammeln der Schnecken abends nach dem Gießen im Licht der Taschenlampe.

Spinnmilben (Rote Spinne)
Diese Schädlinge sind an feinen Gespinsten auf der Blattunterseite und in den Blattachseln zu erkennen (Lupe verwenden).
Symptome: Aufhellung der Blätter, besonders unterseits Weißfärbung; mißgestaltete Blütenknospen.
Bekämpfung: Para Sommer oder Promanal (Gebrauchsanweisung beachten!).
Raubmilben, die man im Gartenfachhandel bestellen kann, sind natürliche Feinde der Spinnmilben.

Trauermücken
Die Schadensverursacher bei Trauermücken sind deren weiße Larven mit schwarzem Kopf, die in Torf sitzen.
Symptome: Erhebliche Fraßschäden an den Wurzeln.
Bekämpfung: Anbringung von Gelbtafeln und -stickern. Die Insekten werden von der gelben Farbe angelockt und bleiben an einer klebrigen Beschichtung hängen.

Praktische Anleitung zum naturgemäßen Gärtnern und Prospektmaterial erhalten Sie im Fach- und Buchhandel.

Umpflanzen und Vermehren

Bei guter Kultur haben Orchideen die Eigenschaft, immer größer zu werden: Die mehrsprossigen wachsen über den Topfrand hinaus, die einsprossigen werden zu hoch. In jedem Fall muß man umpflanzen. Man dreht dazu den Topf um, klopft ihn zwei- bis dreimal an eine Tischkante oder schlägt mit dem Handballen kräftig auf den Topfboden. Dadurch löst sich der Ballen vom Topf und kann mit der Hand aufgenommen werden, wobei man die Pflanze am besten zwischen Zeige- und Mittelfinger nimmt. Manche Arten haften mit den Wurzeln allerdings so stark an der Topfwand, daß man den Tontopf mit einem Hammer vorsichtig zerschlagen muß, bei Kunststofftöpfen ist gelegentlich die Rosenschere zu Hilfe zu nehmen.

Oben links: *Miltonia*-Hybride (siehe Seite 53)
Oben rechts: *Laelia sulina* (siehe Seite 52)
Unten: *Paphiopedilum*-Hybride (siehe Seite 54f.)

Umpflanzen

Wie oft eine Orchidee umgetopft werden muß, hängt von Wuchsform, Pflanzstoff und Art bzw. Gattung ab. Man sollte die wertvollen Pflanzen so selten wie möglich dieser Prozedur aussetzen.
Umpflanzen muß man Orchideen alle zwei bis vier Jahre wegen Zersetzung,

1

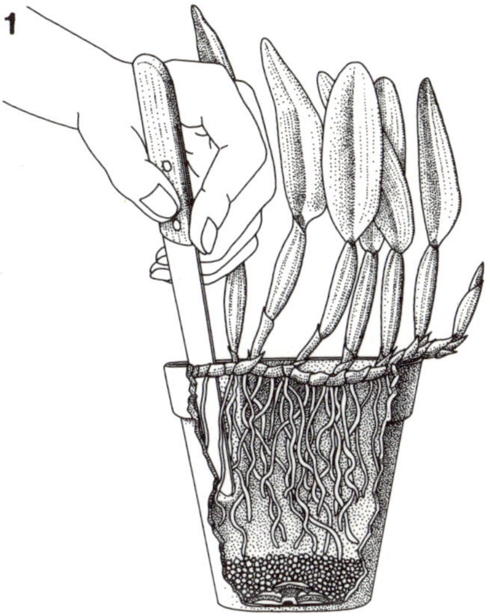

Umpflanzen einer sympodial wachsenden Pflanze

1 Wenn eine sympodial wachsende Orchidee den Topfrand erreicht hat, sollte sie umgetopft werden – allerdings nicht während der Vegetationszeit. Zuerst heben wir die Orchidee äußerst vorsichtig aus dem alten Topf.

2 Nachdem das vordere Ende mit der neuen Triebspitze auf drei bis fünf Bulben eingekürzt wurde, kommt die Orchidee in einen neuen Topf. Der Neutrieb sollte möglichst weit vom Topfrand entfernt plaziert werden. Die weggeschnittenen Bulben kann man ebenfalls neu eintopfen (siehe dazu Zeichnung Seite 43).

2

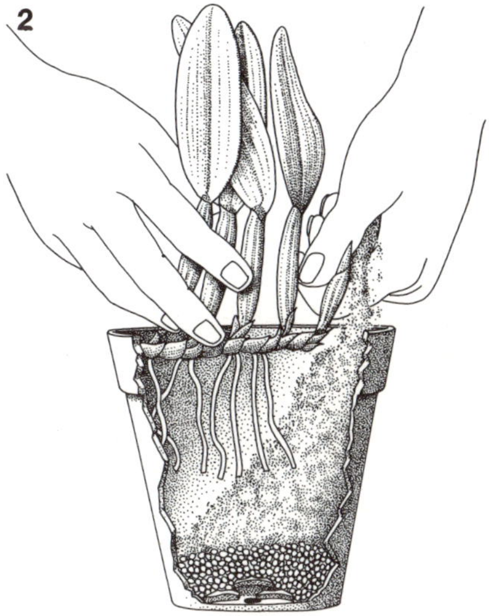

Seite 36:
Oben: *Cattleya aclandiae* × *Cattleya amethystoglossa* (siehe Seite 50)
Unten: *Brassocattleya,* eine Hybride aus *Brassavola* und *Cattleya* (siehe Seite 49)

Seite 37:
Oben: *Laelia pumila* × *Sophronitis coccinea* (siehe Seite 52)
Unten: *Laeliocattleya,* eine Hybride aus *Laelia* und *Cattleya* (siehe Seite 52)

Seite 38:
Phalaenopsis-Hybride (siehe Seite 57)

1

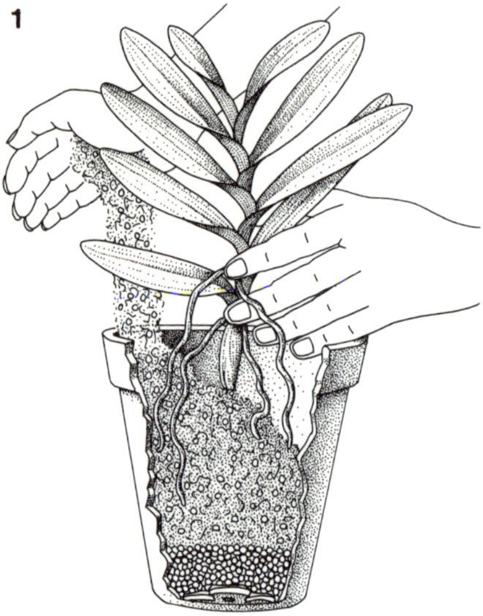

2

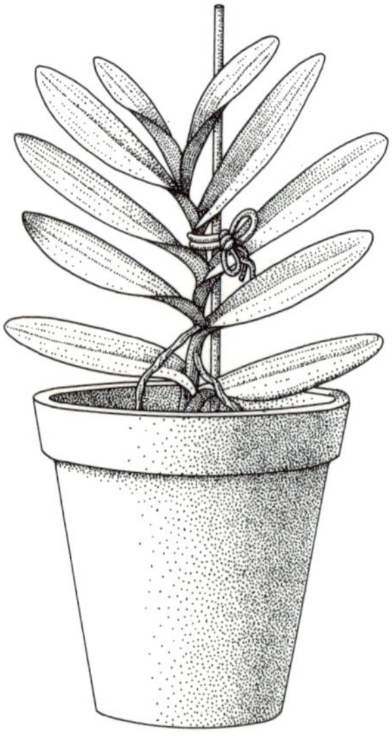

Umtopfen einer monopodial wachsenden Pflanze

1 Nachdem wir die Orchidee sorgfältig ausgetopft haben, wird sie in den mit einer Dränage versehenen neuen Topf hineingestellt, der Pflanzstoff eingefüllt und angedrückt. Der neue Topf muß nicht unbedingt größer sein als der alte. Die Größe hängt von der Anzahl der Wurzeln ab.

2 Bei diesen Pflanzen ist ein Anbinden an einen kleinen Stock wichtig.

Verdichtung, Fäulnisbildung, Übersäuerung und Versalzung des Pflanzstoffes.
Sympodial wachsende Orchideen, wie z.B. *Cattleya*, werden dann umgepflanzt, wenn der Neutrieb am gegenüberliegenden Topfrand angekommen ist. Da beim Umtopfen die alten Bulben meist weggeschnitten werden, benötigt die Pflanze dann keinen größeren Topf. Monopodial wachsende Orchideen, wie z.B. *Paphiopedilum* und *Phalaenopsis*, brauchen meist einen etwas größeren Topf.
Der richtige Zeitpunkt fürs Umtopfen ist am Anfang der Wachstumsperiode gekommen. Man erkennt das daran, daß die Orchidee einen frischen Trieb zeigt. Es soll dann sofort umgepflanzt werden, denn je kürzer dieser Neutrieb ist, desto besser verkraftet die Pflanze die neue Umgebung.
In den neuen Topf wird eine ca. 2 cm hohe Dränageschicht aus z.B. Styropor eingefüllt. Man bedeckt diese Schicht mit etwas Pflanzsubstrat, stellt mit der einen Hand die Pflanze vorsichtig so in

die Topfmitte, daß die Pseudobulben bzw. die Wurzeln der monopodial wachsenden Orchideen leicht aufliegen, füllt mit der anderen Hand vorsichtig weiteres Substrat nach und drückt sorgsam, aber fest an. Angegossen wird nicht! Nach vier bis acht Tagen wird wieder wie üblich gewässert.

Bei monopodial und sympodial wachsenden Orchideen ist es wichtig, daß die Pflanze an einem Holzsplint festgebunden wird. Die sich neu bildenden Wurzeln brechen leicht ab, wenn die Orchidee nicht fest im Topf sitzt.

Vermehren

Nur kräftige Pflanzen mit wenigstens acht bis zehn Pseudobulben lassen sich teilen. Man läßt dabei meist fünf Pseudobulben am Leittrieb, so daß sich an der restlichen Hälfte auch noch drei bis fünf Pseudobulben befinden.

Vor dem Teilen streift man vorsichtig das an den Wurzeln haftende Substrat ab. Gesunde Wurzeln erkennt man an ihrer hellen Farbe. Sie müssen besonders sorgsam behandelt werden, da sie leicht brechen.

Sind keine einwandfreien Wurzeln mehr vorhanden, läßt man auch beschädigte oder nicht mehr ganz einwandfreie Wurzeln an dem Teilstück, damit sie im Substrat Halt finden. Ihre Velamenschicht (die helle Schicht, die die Wurzeln epiphytischer Orchideen vor Sonne schützt und den Saftstrom aufrechterhält) wird aber vorher abgestreift. So

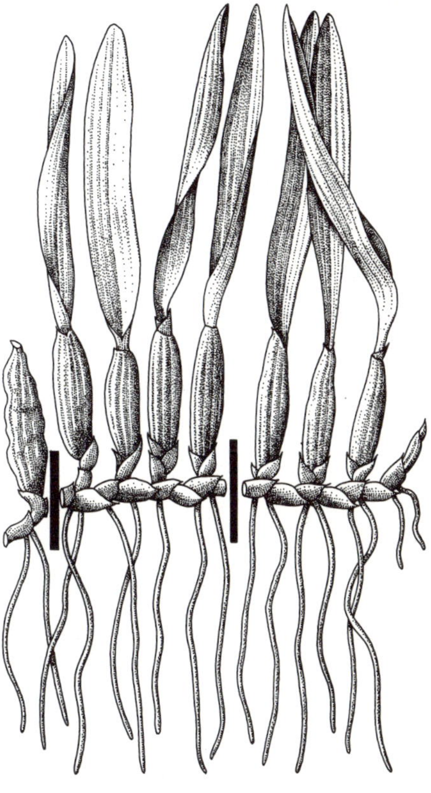

Rechts: Teilung einer sympodial wachsenden Orchidee
Der rechte Teil dieser Pflanze wird in einen Topf gesetzt (siehe Zeichnung S. 39). Die eingetrocknete Bulbe ganz links wird ganz entfernt. Die vier Rückbulben können auch, z. B. unter einem Plastikbeutel, zum Austreiben gebracht werden (siehe Zeichnung S. 43). Aus einer Pflanze entstehen somit zwei.

vorbereitet, trennt man das Rhizom mit einer kräftigen Schere oder einem Messer zwischen den Pseudobulben durch. Dieser Vorgang muß schnell und mit Kraft durchgeführt werden, damit das Rhizom nicht gequetscht wird. Die Schnittstellen pudert man mit Holzkohlenpulver ein.
Die einzelnen Teile lassen sich sofort in üblicher Weise einpflanzen (siehe »Umpflanzen«, S. 39ff.).
Das Pflanzsubstrat muß dazu leicht feucht sein. Nach dem Einpflanzen wird

Teilung einer monopodial wachsenden Orchidee
Wenn die Pflanze im Topf oder auf der epiphytischen Unterlage zu groß geworden ist, kann sie geteilt und umgepflanzt werden.

Links: 1 Um eine *Phalaenopsis* ein zweites Mal zum Blühen zu bringen, wird der abgeblühte Blütenstiel abgeschnitten. 2 Manchmal entwickelt sich jedoch statt eines neuen Blütenstiels ein Kindel. 2 und 3: Kindel mit Wurzeln können abgeschnitten und eingetopft werden.

ca. erst nach einer Woche richtig gegossen, da sonst die Gefahr besteht, daß die verletzten Wurzeln faulen.
Kindel bilden sich an alten Blütenstielen der *Phalaeonopsis* oder an Dendrobien. Wenn die kleinen Pflanzen Wurzeln gebildet haben, können sie abgetrennt und in feinem Pflanzstoff mit etwas mehr Torf eingepflanzt werden.

Pflege
Geteilte und umgepflanzte Orchideen gießt man zumindest in der ersten Woche nicht, in den folgenden drei bis fünf Wochen nur sehr mäßig, bis sie wieder ausreichend Wurzeln gebildet haben. Dafür besprüht man sie während dieser Zeit sehr häufig.
Zur Wurzelbildung (besonders bei Pflanzen, die keine Wurzeln besitzen) wirkt sich das Überstülpen eines durchsichtigen Kunststoffbeutels günstig aus, den man unter dem Topfrand zubindet. In seinem Inneren entsteht eine gespannte Luft, in der die Transpiration der Blätter eingeschränkt wird.
Einzelbulben steckt man am besten in ein Plastiksäckchen mit Torfmoos (*Sphagnum*) oder Steinwolle, bis sie austreiben; dann pflanzt man sie in Substrat und pflegt sie wie normale Pflanzen weiter.

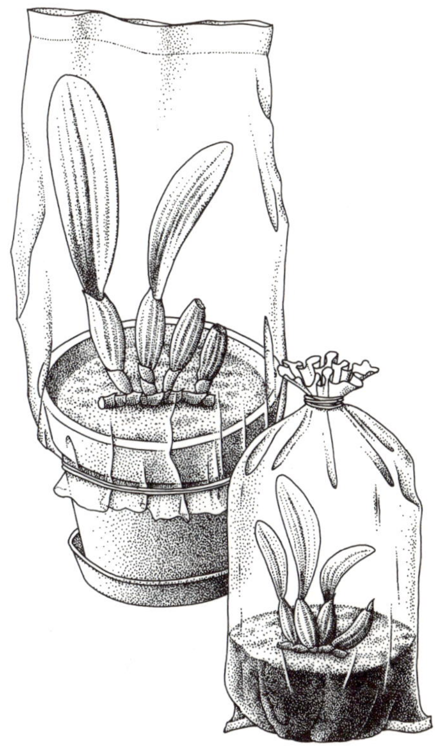

Die Rückbulben oder wurzellose Orchideen können unter Plastikfolie einfacher bewurzelt werden. Die gespannte Luft sorgt für einen besseren Bewurzelungserfolg.

Epiphytische Pflanzweise

Diese Pflanzweise entspricht dem natürlichen Wuchs der meisten Orchideen, die in den Tropen auf den Bäumen wachsen. Empfehlenswert ist es, einzelne Pflanzen auf Kork, Rebholz oder Wurzelstücke aufzubinden und nach der im Buch beschriebenen Methode an einen Epiphytenstamm anzuhängen (siehe auch Seite 21). Es eignen sich vor allem Pflanzen mit Bulben (Wasserspeicherorgane), besonders *Cattleya, Dendrobium, Encyclia, Laelia, Oncidium* usw. Bei dieser Pflanzweise können Sie beobachten, wie Orchideen neue Wurzeln bekommen und diese sofort in Richtung der Holz- oder Korkunterlage wachsen. Orchideenwurzeln sind Halteorgane, die direkt am Baum festwachsen. An der Rindenoberfläche entnehmen die Wurzeln in Wasser gelöste Nährstoffe.

Sehr wichtig ist, die Pflanzen auf der Unterlage fest aufzubinden. Hierzu können Sie alte Damenstrümpfe in dünne Streifen schneiden, so daß eine Art dickerer Nylonfaden entsteht, der dauerhaft ist und außerdem nicht auffällt. Um das Wasserhaltevermögen der Pflanzenunterlage zu verbessern, können Sie die Pflanzen mit etwas Moos oder Torffaser aufbinden. Es eignet sich am besten Baummoos, welches Sie auf Baumstümpfen im Wald finden. Tauchen Sie jedoch vor dem Aufbinden das Moos eine Nacht lang unter Wasser; dadurch werden Schädlinge beseitigt.
Orchideen, die ständig Feuchtigkeit brauchen, können auf einen Gießtopf (siehe auch S. 7) aufgebunden werden.

Spezielle Pflegemaßnahmen

Der tägliche Arbeitsaufwand bei epiphytischer Pflanzweise ist größer als bei der herkömmlichen Topfkultur. Pflanzen Sie möglichst so, daß die Unterlage drei bis fünf Jahre ausreicht.
Das Wässern und Besprühen richtet sich nach Wetter, Jahreszeit und Kulturraum. Für die normale Fensterbankkultur kann ich diese Pflanzweise nicht empfehlen, weil die Luft im Zimmer zu trocken ist. Möchten Sie sich dennoch heranwagen, müssen Sie zweimal am Tage sprühen.
Besser für die epiphytische Pflanzweise eignen sich das geschlossene Blumenfenster, die Glasvitrine oder ein Hobbygewächshaus. Auch im Wintergarten ist die epiphytische Kultur von Orchideen an einem Epiphytenstamm in Gemeinschaft mit anderen Pflanzen möglich.
In der Wachstumszeit von Frühjahr bis Herbst muß täglich gesprüht werden, in der Ruhezeit im Winter alle zwei bis drei Tage – möglichst in den Vormittagsstunden an einem sonnigen Tag. Die Pflanzen sollten in der kalten Jahreszeit

durch Ventilation wieder schnell abtrocknen (siehe auch Kapitel »Pflegefehler und Problemlösung«, S. 24ff.). Gedüngt wird in der Wachstumszeit sparsam alle zwei Wochen. Zwischendurch sprüht man mit klarem Wasser die Restsalze ab, denn die Wurzeln vertragen keine Salzkruste.

Der selbstgebaute Epiphytenstamm

Einen Epiphytenstamm können Sie mit den unterschiedlichsten Materialien herstellen. Grundsätzlich eignen sich alle verzweigten oder verwundenen Äste bzw. Wurzeln, die z.B. auf dem Waldboden lose herumliegen. Sehr gut eignen sich Wurzeln, die an der Oberfläche angemorscht sind und im Kern noch festes Holz haben. Mit Korkrinde (vor allem mit Korkröhren) können Sie den Stamm zusätzlich verkleiden oder Pflanztöpfe verdecken. Die Korkrinde erhalten Sie im Floristengroßhandel oder in Zoogeschäften.
Nachdem man die Wurzeln von Schmutz und morschen Teilen mit Wasser oder eventuell mit einem Hochdruckreinigungsgerät gesäubert hat, läßt man das Holz gut abtrocknen. Nun folgt die Feinbearbeitung mit Drahtbürste und Glaspapier (sinnvoll ist ein elektrischer Winkelschleifer mit Drahtbürsten- und Glaspapierschleifscheibe). So werden alle weichen Teile entfernt, bis das helle, gute Holz zum Vorschein kommt.
Bei allen diesen Arbeiten sollten Sie geeignete Schutzkleidung sowie Schutzbrille und -handschuhe tragen.
Haben Sie sich nun mehrere Wurzeln, vielleicht auch eine große Hauptwurzel, zusammengesucht, erstellen Sie sich ein Grundgerüst. Die verzweigte Hauptwurzel bildet den Mittelpunkt, und an sie werden noch andere kleinere Wurzeln angeschraubt. Für diese Arbeiten benötigen Sie eine Bohrmaschine und Holzbohrer in verschiedenen Größen. Mit verzinkten oder V2A-Schlüsselschrauben werden die Teile dann miteinander verschraubt. Auf diese Weise können Sie sich einen Epiphytenstamm in jedem erdenklichen Ausmaß herstellen.
Nun gibt es verschiedene Möglichkeiten, den Stamm im Blumenfenster oder Wintergarten aufzustellen bzw. zu verankern. Die Hauptwurzel kann man in ein Gefäß einbetonieren, so daß sie aufrecht steht und der Standort verändert werden kann. Oder man läßt in den Boden einen Metallfuß ein und schraubt den Grundteil der Wurzel fest. Wenn die Räumlichkeiten gegeben sind, kann die Wurzel auch an der Decke befestigt werden; allerdings sollte man hier auf eine gute Verankerung achten.
An den so vorbereiteten Stamm werden die Pflanztöpfe angehängt oder in Holzvertiefungen versenkt (siehe auch Kapitel »Pflanzgefäße, Wie macht man Töpfe unsichtbar?«, S. 9f.).

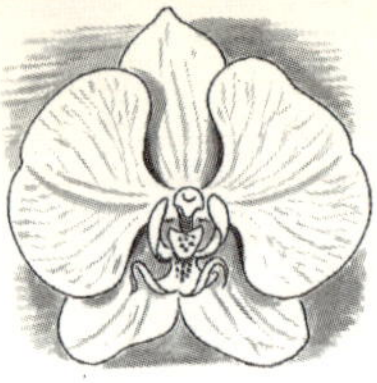

Orchideen im Garten

Ab Mitte Mai (nach den Eisheiligen) kann man die temperiert und kalt zu kultivierenden Pflanzen nach vorheriger Abhärtung (Achtung: Nicht sofort in die Sonne stellen!) bis Oktober in den Garten bringen. Wenn kein natürlicher Schatten durch Bäume gegeben ist, können Sie auch mit einem alten Vorhangstoff in den Mittagsstunden schattieren.

Wer keinen Garten, dafür aber einen Balkon besitzt, kann im Sommer auch dort seine Orchideen pflegen; allerdings muß der Balkon nach Osten oder Westen ausgerichtet und mit ausreichenden Schattierungsmöglichkeiten ausgestattet sein. Hier sollten Sie die Pflanzen nicht zu dicht an die Hauswand stellen, da die zurückstrahlende Wärme die Pflanzen schädigen kann.

Im Sommer, wenn das Mauerwerk der Häuser viel Wärme speichert und langsam an die Umgebung abgibt, wird oft auch im Garten die Luft viel zu trocken. Wir müssen dann in Pflanzennähe für höhere Luftfeuchtigkeit sorgen.

Frische Luft und zeitweise Regen sind Annehmlichkeiten, die nur eine Freilandkultur bietet. Bei lange anhaltendem Regen und Temperaturen unter 10 °C sind die Pflanzen vor Nässe zu schützen. Ein Lattengestell über den Orchideen, das z. B. bei Regen mit Klarsichtfolie abgedeckt werden kann, hilft, Schäden zu vermeiden.

Außerdem sollte man alle Pflanzen so aufstellen oder aufhängen, daß der Wind sie auf keinen Fall umwerfen kann.

Für die Kühle verlangenden Orchideen wirkt sich im Sommer der Aufenthalt in einem Frühbeet vorteilhaft aus. Es sollte mindestens 70 cm tief sein. Wenn man die Seitenwände mit porösen Steinen (z. B. Porotonsteine) hochmauert und den Boden mit einer 10 cm hohen Kiesschicht abdeckt, entsteht ein kühler, durch die große Verdunstungsoberfläche luftfeucht gehaltener Raum zum Übersommern der Orchideen. Man stellt die Pflanzen auf einen Lattenrost, der gegen Feuchtigkeit mit einer giftfreien Farbe angestrichen ist. Abgedeckt wird mit Glas, so daß die Pflanzen genügend Licht bekommen. Dieses Frühbeet schützt die Orchideen vor Kälte, Nachtfrost und starkem Regen, muß aber im Sommer regelmäßig zum Belüften und künstlichen Beregnen geöffnet werden.

Insgesamt habe ich mit der Gartenkultur von bestimmten Orchideen sehr gute Erfahrungen sammeln können. Man erzielt das beste Wurzelwachstum, die dicksten Bulben und hat bei vielen blühfaulen Orchideen einen Blüherfolg; halb abgestorbene Orchideen können sogar unter Umständen wieder zu neuem Leben erweckt werden.

Geeignete Orchideen für die Gartenkultur

Orchideen der Berg- und Nebelwälder Mittel- und Südamerikas, wie z. B. *Cochlioda, Encyclia, Lycaste, Masdevallia, Maxillaria, Miltonia, Odontoglossum, Oncidium, Sophronitis, Stanhopea* und *Zygopetalum.*
Hybriden: *Odontioda, Odontocidium, Odontoglossum*-Hybriden, *Vuylstekeara* Cambria 'Plush', *Wilsonara.*
Asiatische Orchideen, wie z. B. *Coelogyne, Cymbidium, Dendrobium* und *Pleione.*
Afrikanische Orchideen, wie beispielsweise *Disa uniflora* und *Aerangis rhodosticta.*
Hybriden: *Disa uniflora*-Hybriden.

Die afrikanischen Arten sind windgeschützt unter Glas, das nach einer Seite offen ist, bei viel frischer Luft zu kultivieren.

Orchideen von A bis Z

Hier werden ausschließlich Orchideen und Orchideen-Hybriden vorgestellt, die nach den Erfahrungen des Autors und anderer kompetenter Fachleute für die Kultur auf der Fensterbank und im Wintergarten geeignet sind.
Die Gattungen sind nach botanischen Namen geordnet. Innerhalb jeder Gattung werden die in Frage kommenden Arten vorgestellt. Wichtige Synonyme stehen in Klammern.
Pflanzen mit der Bezeichnung warm kultivieren sind für Ost-, West- und Südfenster geeignet sowie für Räume, deren Temperatur nachts nicht unter 18 °C absinkt.
Pflanzen mit der Bezeichnung temperiert oder kühl kultivieren sind für Ost-, West- und Nordfenster geeignet sowie für Räume, die schwach beheizt werden. Tagsüber wird der Standort durch Sonneneinstrahlung warm, nachts kann es kühler werden (Temperatur-Richtwerte siehe Seite 11). Diese Pflanzen können auch im Garten gehalten werden.
Pflanzen mit der Bezeichnung durchkultivieren haben keine Ruhezeit (d. h. immer leicht feucht halten).
Blockkultur bedeutet epiphytisches Pflanzen auf Kork, Wurzeln oder Rebholz; Korbkultur meint die Kultur in Holzkörbchen; Gießtopfkultur bedeutet das Anbinden der Pflanze an einen mit Wasser gefüllten Tontopf (siehe auch Seite 7).
Lithophyten sind Pflanzen, die am Naturstandort auf Felsen wachsen (siehe auch Seite 6).

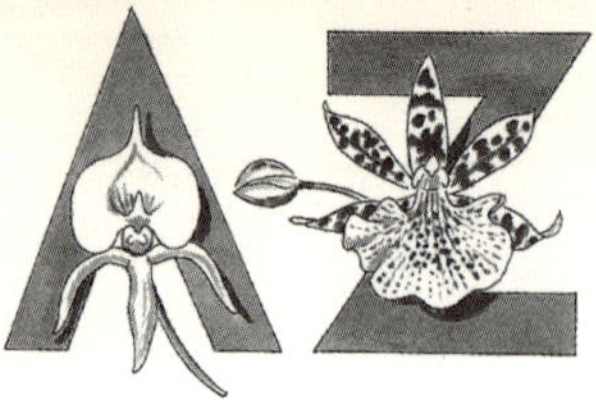

Orchideen von A–Z

Aerangis

Arten: *Aerangis citrata, A. confusa, A. rhodosticta.*
Herkunft: Afrika.
Beschreibung: Einsprossige Epiphyten, niedrig, Blütenstände überhängend.
Pflege: Temperiert bis warm durchkultivieren; Block-, Korb- oder Gießtopfkultur; O-/W-Fenster.

Aerides

Arten: *Aerides fieldingii, A. odoratum, A. multiflorum.*
Herkunft: Asien.
Beschreibung: Einsprossige Epiphyten, mittelgroß, Blütenstände überhängend.
Pflege: Temperiert durchkultivieren; Block- oder Korbkultur; O-/W-Fenster.

Sympodial wachsende Orchidee

Angraecum

Arten: *Angraecum eburneum, A. sesquipedale.*
Herkunft: Afrika.
Beschreibung: Einsprossige Epiphyten und Lithophyten.
Pflege: Warm durchkultivieren bei hoher Luftfeuchtigkeit; nicht einfach, aber lohnend; nur für große O-/W-Fenster.

Ansellia

Arten: *Ansellia africana, A. gigantea.*
Herkunft: Afrika.
Beschreibung: Mehrsprossige Epiphyten, reiches Wurzelwachstum, aufrechter Blütenstand, mehrblütig, getigerte Blüten.
Pflege: Warm, nach Ausreifung der Bulben trockener halten.

Ascocentrum

Arten: *Ascocentrum ampullaceum, A. curvifolium, A. miniatum.*
Hybride: *Ascocenda* (Kreuzung aus *Ascocentrum* und *Vanda*).
Herkunft: Asien.
Beschreibung: Einsprossige Epiphyten, mittelgroß, kleine Blüten, reichblühend, sehr schöne Farbvariationen.

Pflege: Warm, sehr hell bis sonnig; Luftfeuchtigkeit 60–80 %, täglich sprühen, im Winter bei wenig Licht und Wärme weniger wässern. Korb- oder Topfkultur mit grobem, luftdurchlässigem Pflanzstoff; S-/O-/W-Fenster.

Barkeria

Arten: *Barkeria cyclotella, B. lindleyana, B. skinneri, B. spectabilis.*
Herkunft: Zentralamerika.
Beschreibung: Epiphyten, bis 30 cm hoch, lange Blütenschäfte mit bis zu 20 Blüten.
Pflege: Im Wachstum temperiert und feucht, nach der Blüte kühl und mäßig feucht halten. Topf- und Korbkultur. Wurzeln möchten frei herabhängen. O-/W-Fenster.

Brassavola

Arten: *Brassavola (Rhyncholaelia) digbyana, B. glauca, B. nodosa, B. tuberculata (B. perrinii).*
Hybriden: *Brassocattleya* (siehe Seite 36), *Brassolaeliacattleya* u. a.
Herkunft: Tropisches Amerika.
Beschreibung: Gedrungen, Blätter sukkulent, meist rund, Pseudobulben.
Pflege: Dünnwurzelige Arten: temperiert bis warm, hell, mäßig feucht; dickwurzelige Arten: im Wachstum warm und feucht, dann temperiert bis kühl und fast trocken, auch für S-Fenster; O-/W-Fenster. Hybriden wie Cattleyen der *Labiata*-Gruppe.

Brassia

Arten und Hybriden: *Brassia longissima, B. gireoudiana, B. maculata, B. verrucosa; B. Hybride Rex.*
Herkunft: Tropisches Amerika.
Beschreibung: Flache Pseudobulben mit je zwei langen Blättern (30 – 40 cm lang), aufrechter Blütenstand, 10 bis 20 Blüten, Blütenblätter schmal und lang, Blütenform spinnenartig.
Pflege: Nicht zu trocken, mäßig hell halten, temperiert; Topfkultur; O-/W-Fenster.

Monopodial wachsende Orchidee

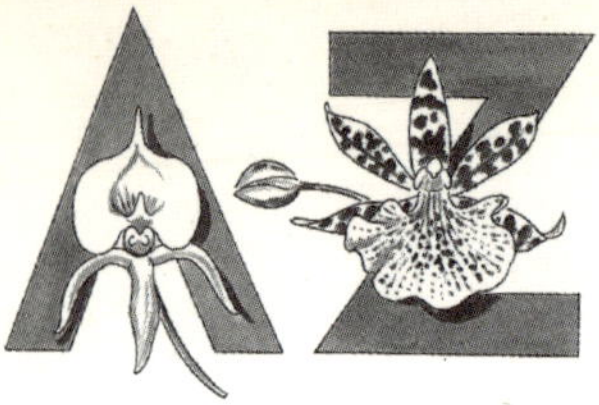

Orchideen von A–Z

Calanthe

Arten und Hybriden: *Calanthe rubens, C. sylvatica, C. vestita; C. 'Bryan'.*
Herkunft: Asien.
Beschreibung: Terrestrisch, große Blätter, laubabwerfend, Pseudobulben.
Pflege: Hell, luftig, im Wachstum feucht und warm, bis Blätter abfallen und Blütenstand ausgebildet ist, dann absolut trocken bei 15–20 °C, bis Neutrieb erscheint; Blätter nie sprühen! Nährstoffreiches Substrat (Rinde, TKS 1, Sand 1:1:1). Ausgeprägte Trockenzeit. O-/W-Fenster.

Cattleya

Arten: *Cattleya aclandiae, C. aurantiaca, C. bicolor, C. bowringiana, C. guttata, C. labiata, C. loddigesii, C. mendelii, C. mossiae, C. percivaliana, C. skinneri, C. trianaei, C. warscewiczii.*
Für Anfänger nur bedingt: *C. amethystoglossa, C. intermedia, C. luteola, C. violacea.* Die vielen im Handel angebotenen *Cattleya*-Hybriden (siehe Seite 17, 18, 36, 37, 56) eignen sich besser für das Blumenfenster.
Herkunft: Tropisches Amerika.
Beschreibung: Attraktive Pflanzen, meist sehr große, oft duftende Blüten, Pseudobulben.
Pflege: Im Trieb temperiert bis warm bei hoher Luft- und guter Ballenfeuchtigkeit, dann etwas kühler und trockener; mittelgroße Pflanzen mit 8–20 cm hohen Pseudobulben, Blätter 15–25 cm, im Topf, Körbchen oder am Block kultivieren. Pflanzen wachsen gern aus dem Topf. Wurzeln sind dann durch Verletzungen gefährdet. Teilen und Umpflanzen zu Beginn der Wachstumszeit. Im Herbst, am Ende der Wachstumszeit, volle Sonne zur Ausreifung der Bulben und Blütenentwicklung. Im Winter kann die Blütenscheide, in der die Knospen sitzen, faulen, wenn die Pflanze zu naß gehalten wird. Vorsichtshalber Blütenscheide öffnen, damit Luft zirkulieren kann. O-/W-Fenster.

Cochlioda

Arten: *Cochlioda noezliana, C. rosea.*
Herkunft: Südamerika (Anden).
Beschreibung: Kleinbleibende bis mittelgroße rote Blüten.
Pflege: Temperiert bis kühl, Topf- oder Blockkultur; O-/W-/N-Fenster. Im Sommer Gartenkultur.

Coelogyne

Arten: *Coelogyne asperata, C. cristata, C. dayana, C. fimbriata, C. lactea, C. massangeana, C. mooreana, C. ovalis, C. pandurata, C. parishii, C. speciosa.*
Herkunft: Asien.
Beschreibung: Verschiedene Wuchsformen.
Pflege: Temperiert bis warm; Topf- oder Blockkultur; O-/W-Fenster. Gartenkultur.

Comparettia

Arten: *Comparettia falcata, C. macroplectron, C. speciosa.*
Herkunft: Tropisches Amerika.

Beschreibung: Kleinbleibend, reduzierte Pseudobulben, vielblütig.
Pflege: Temperiert bis warm; häufig sprühen und abtrocknen lassen; Topf- oder Blockkultur, besonders auf dem Gießtopf leicht zu kultivieren. O-/W-/N-Fenster.

Cymbidium

Arten: *Cymbidium aloifolium, C. eburneum, C. devonianum, C. insigne, C. lowianum, C. tigrinum.*
Herkunft: Asien.
Beschreibung: Meist sehr groß werdend, schöne Blüten über zwei Monate.
Pflege: Im Sommer mit viel Wasser und Dünger im Freien halten bis zum ersten Nachtfrost (Blüteninduktion), dann in großen Übertöpfen auf Zentralheizung am S-/O-/W-Fenster stellen bei möglichst viel Licht.
In gleicher Weise auch die großblütigen Hybriden kultivieren.

Cyrtochilum: Siehe **Oncidium**

Dendrobium

Arten: *Dendrobium aggregatum, D. chrysotoxum, D. densiflorum, D. kingianum, D. nobile, D. phalaenopsis, D. pierardii, D. speciosum, D. thyrsiflorum.*
Herkunft: Asiatisch-australischer Raum.
Beschreibung: Klein bis mittelgroß, wenig- bis vielblütig, Blütenstände aufrecht oder überhängend.
Pflege: Gebirgsarten im Sommer temperiert bis warm, australische Arten feucht, beide mit anschließender Trokkenzeit bei tiefen Temperaturen (Blüteninduktion); immergrüne Arten aus tieferen Tropenwäldern temperiert bis warm durchkultivieren. Alle in möglichst kleinen Töpfen (mit einem Kieselstein, damit sie nicht umfallen) am O-/W-Fenster pflegen.

Doritis

Art: *D. pulcherrima.* Variationen in Rot, Rosa, Weiß und Blau.
Hybride: *Doritaenopsis* (*D.* 'Malibu Queen' u. a.).
Herkunft: Asien.
Beschreibung: Klein, kurzblättrig, Blütenstand aufrecht, mehrblütig, Pflanzen bilden oft kleine Kindel. Hybriden haben größere Blüten und kräftige Blütenfarben.
Pflege: Warm, hell, mäßig feucht; O-/W-Fenster. Hybriden wie *Phalaenopsis.*

Dracula: Siehe **Masdevallia**

Encyclia: Siehe **Epidendrum**

Euanthe: Siehe **Vanda**

Epidendrum (einschließlich der neu geführten Gattung **Encyclia**)

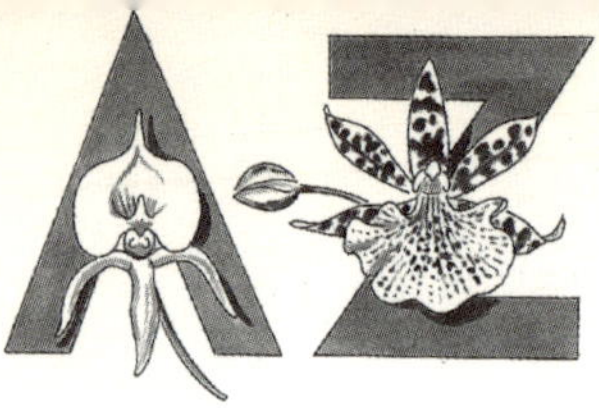

Arten: *Epidendrum ciliare, E. ibaguense. Encyclia cochleata, E. fragrans, E. radiata, E. vitellina.*
Herkunft: Tropisches Amerika in allen Höhenlagen.
Beschreibung: Sehr unterschiedliche Wuchsformen, Pseudobulben, Blütenstände aufrecht, oft vielblütig.
Pflege: Temperiert bis warm; O-/W-Fenster.

Gongora

Arten: *Gongora galeata, G. quinquenervis.*
Herkunft: Tropisches Amerika.
Beschreibung: Mittelgroße Epiphyten, Blütenstände hängend.
Pflege: Temperiert; Korbkultur. O-/W-Fenster; auf Fensterbank im Sommer oft sprühen und tauchen.

Ionopsis

Art: *Ionopsis utricularioides.*
Herkunft: Tropisches Amerika.
Beschreibung: Kleinbleibend, Blütenstand überhängend.
Pflege: Warm, häufig sprühen und tauchen; O-/W-Fenster.

Laelia

Arten: *Laelia autumnalis, L. cinnabarina, L. flava, L. gouldiana* (siehe Seite 17), *L. perrinii, L. pfisteri, L. pumila, L. purpurata, L. sulina* (s. S. 35), *L. tenebrosa.*
Hybriden: *Laeliocattleya* sowie Hybriden mit *Sophronitis* (siehe Seite 17, 18, 37, 55).
Herkunft: Süd- und Zentralamerika.
Beschreibung: Pseudobulben, unterschiedliche Wuchshöhen, Blütenstände aufrecht.
Pflege: Südamerikanische Arten wie *Cattleya*, zentralamerikanische Arten auch kühler, ebenso Hybriden; O-/W-Fenster.

Lycaste

Arten: *Lycaste aromatica, L. deppei, L. gigantea, L. macrophylla, L. skinneri.*
Hybride: *Angulocaste* (Kreuzung aus *Anguloa* und *Lycaste*), z.B. *A.* 'Olympus'.
Herkunft: Tropisches Amerika.
Beschreibung: Plissierte Blätter, laubabwerfend, Einzelblüten.
Pflege: Im Sommer temperiert und gut feucht, nicht zu hell. Nach Laubfall kühl und trocken; Blätter empfindlich, nicht mit Wasser bespritzen wegen Pilzbefall; auf *Thrips* und Rote Spinne achten! Blüten erscheinen meist mit dem Neutrieb, aber erst gießen, wenn die ersten Wurzelspitzen sichtbar sind; leichte Düngung während der Vegetationszeit. O-/W-Fenster; Gartenkultur.

Masdevallia (einschließlich Dracula)

Arten: *Masdevallia caudata, M. (Dracula) chimaera, M. coccinea* (siehe Seite 55), *M. militaris, M. tovarensis.*
Herkunft: Vorwiegend Anden.

Beschreibung: Kleinbleibend, reichblütig.
Pflege: Meist leicht zu pflegen. Fast alle Arten kühl halten, hell, aber nicht in direkte Sonne stellen. Wichtig sind gleichmäßige Ballenfeuchtigkeit, gute Ventilation und viel Frischluft. O-/W-/N-Fenster. Im Sommer Freilandkultur im Schatten von Bäumen (Temperaturen über 30 °C verursachen Blattflecke); vor Schnecken schützen.

Maxillaria

Arten: *Maxillaria grandiflora, M. luteoalba, M. picta, M. sanderiana, M. striata, M. tenuifolia.*
Herkunft: Tropisches Amerika.
Beschreibung: Meist sehr feine Wurzeln, Blüten einzeln.
Pflege: Mäßig feucht bis feucht halten, empfindlich gegen Austrocknen. O-/W-Fenster; Gartenkultur.

Miltonia (einschließlich **Miltoniopsis**)

Arten: *Miltonia candida, M. clowesii, M. spectabilis; Miltoniopsis phalaenopsis, M. roezlii, M. vexillaria, M. warscewiczii.*
Hybriden: *Miltonia* 'Hannover', *M.* 'Wasserfall' sowie Hybriden mit *Oncidium, Odontoglossum* oder *Cochlioda.* Berühmt durch ihre Färbung die Dreigattungskreuzung *Vuylstekeara* Cambria 'Plush'. Siehe Seite 62/63.
Herkunft: Tropisches Amerika.
Beschreibung: Pseudobulben oder kriechendes Rhizom, unterschiedliche Wuchshöhen, reich und schön blühend.
Pflege: Vorwiegend temperiert, dauerfeucht und mäßig hell, viel Frischluft und hohe Luftfeuchtigkeit, damit die Neutriebe sich gut entwickeln. Hygiene und regelmäßiges Gießen sind unerläßlich; Blüten und Neutriebe sehr spritzwasserempfindlich. O-/W-Fenster. Gartenkultur.

Miltoniopsis: Siehe **Miltonia**

Notylia (Miniaturorchideen)

Art: *Notylia bicolor.*
Herkunft: Tropisches Amerika.
Beschreibung: Kleinbleibend, Blütenstand traubenförmig.
Pflege: Temperiert bis warm, oft sprühen. Blockkultur leicht; O-/W-Fenster.

Odontoglossum (einschließlich **Osmoglossum** und **Rosioglossum**)

Arten: *Odontoglossum bictoniense, O. cariniferum, O. cervantesii, O. crispum, O. hallii, O. maculatum, O. majale, O. pendulum (O. citrosmum, Cuitlanzina pendula), O. (Osmoglossum) pulchellum, O. rossii, O. triumphans (O. spectatissimum), O. uro-skinneri; Rosioglossum grande (O. grande), R. insleayi, R. schlieperianum, R. williamsianum.*
Herkunft: Tropisches Amerika, besonders Anden zwischen 1800 m und 3000 m.

Beschreibung: Pseudobulben, Blütenstände meist überhängend, wenig- bis vielblütig, unterschiedliche Wuchshöhen.
Pflege: Luftig und temperiert bis kühl halten (tags am besten bei 18–24 °C, nachts bei 10–16 °C); täglich zweimal nebeln oder sprühen (zu niedrige Luftfeuchtigkeit bewirkt »Ziehharmonikablätter«). Bei guter Drainage dauerfeucht (Gießtopfkultur); schwach düngen, da Wurzeln salzempfindlich. Vorwiegend O-/W-Fenster, manche N- oder NO-/NW-Fenster (unbeheiztes Zimmer). Im Sommer Gartenkultur. Ein Glashaus (Erdhaus), ca. 1,50 m unter dem Boden, bietet bei guter Schattierung ideale kühle Temperaturen.

Oncidium (einschließlich **Cyrtochilum**)

Arten: *Oncidium bicallosum, O. concolor, O. crispum, O. cucullatum (O. olivaceum), O. flexuosum, O. kramerianum (Psychopsis kramerana), O. lanceanum, O. leucochilum, O. (Cyrtochilum) macranthum, O. onustum, O. ornithorhynchum, O. (Psychopsis) papilio, O. sphacelatum, O. splendidum, O. varicosum.*
Herkunft: Tropisches Amerika, aber auch in tiefen, warmen Lagen weit verbreitet.
Beschreibung: Pseudobulben, verschiedene Wuchshöhen und Blütenstände, verzweigte Blütenrispen.
Pflege: Recht unterschiedlich. Temperiert bis warm; schwach düngen, täglich sprühen, im Winter weniger feucht. Topf-, Korb- oder Blockkultur in luftdurchlässigem Pflanzstoff. Vorwiegend O-/W-Fenster.

Osmoglossum: Siehe **Odontoglossum**

Paphiopedilum (Frauenschuh)

Arten: *Paphiopedilum appletonianum, P. barbatum, P. bellatulum, P. callosum, P. exul, P. fairrieanum, P. glaucophyllum, P. hirsutissimum, P. insigne, P. praestans, P. spicerianum, P. sukhakulii, P. venustum, P. villosum* und Hybriden (siehe Seite 35).
Herkunft: Südostasien und indomalaiischer Archipel bis Neuguinea.
Beschreibung: Ein- bis vielblütig, Blütenform schuhähnlich.
Pflege: Warm bis temperiert, seltener kühl zu halten, aber um Blüherfolg zu erzielen, muß nachts die Temperatur gesenkt werden. Kultur halbschattig bis schattig, dauerfeucht, aber nicht naß. Sehr gutes Wachstum im üblichen Epiphytensubstrat, das mit $CaCO_3$ angereichert ist; als Dränage im Topf werden

Oben links: *Laeliocattleya* 'Amber Glow' × *Cattleya bicolor* (siehe Seite 52)
Oben rechts: *Phalaenopsis*-Hybride (siehe Seite 57)
Unten: *Masdevallia coccinea* (siehe Seite 52 f.)

Kalksteine verwendet. Schwach düngen, da Wurzeln salzempfindlich sind; jährlich Pflanzstoff erneuern. Meist O-/W-Fenster, z.T. auch N-Fenster.

Phalaenopsis

Arten: *Phalaenopsis amabilis, P. cornucervi, P. equestris, P. fasciata, P. gigantea, P. hieroglyphica, P. intermedia, P. lindenii, P. lueddemanniana, P. mariae, P. philippinense, P. pulchra, P. sanderiana, P. schilleriana, P. stuartiana, P. violacea.*
Hybriden: Sehr viele, auch mit *Doritis pulcherrima,* schöne Farbvariationen (siehe Seite 38; Titelbild).
Herkunft: Asien.
Beschreibung: Mittelgroß, einsprossig, wenig- bis reichblütig, Blütenstände teils kurz, teils lang und überhängend, Blätter fleischig.
Pflege: In warmer, feuchter Luft (tags 20 °C, nachts nicht unter 16 °C), wasserverdunstende Schalen aufstellen oder häufig sprühen. Substrat nie austrocknen lassen, das Herz der Pflanze vor Wasser schützen wegen Fäulnisgefahr; kein kühles Gießwasser verwenden!
Wenn Blütenrispe verblüht, Blütenstiel nach dem zweiten oder dritten Auge abschneiden, so entsteht eine weitere Blütenrispe (siehe auch S. 42). Nachttemperaturen von 16 °C über drei bis vier Wochen bewirken eine Blühinduktion. Hybriden als »Falterorchidee« besonders für Anfänger geeignet. O-/W-Fenster.

Cattleya-Hybride 'Irene Finney' (siehe S. 50)

Phragmipedium

Arten: *Phragmipedium caudatum, P. longifolium.*
Hybriden: *P.* 'cardinale', *P.* 'schroederae'.
Herkunft: Südamerika.
Beschreibung: Großwüchsig, großblütig, Blüten frauenschuhartig, oft monatelang nacheinander am gleichen Stiel erscheinend.
Pflege: Wärmeansprüche je nach Art kühl bis temperiert oder warm; immer gut feucht halten. O-/W-Fenster.

Pleione

Arten: *Pleione bulbocodioides, P. humilis, P. maculata.*
Herkunft: Himalaja.
Beschreibung: Kleinbleibend, im Herbst laubabwerfend, eiförmige Pseudobulben; Blüten groß, cattleyaähnlich, am Fuß der Pseudobulben mit den Blättern erscheinend.
Pflege: Die meisten kühl, in der Wachstumszeit schattig, gleichmäßig feucht, nach Laubfall kalt und fast trocken halten, bis im Frühjahr Blüten und Neutriebe erscheinen. Kultur in Schalen und Töpfen mit guter Dränage; sehr gut in Nadelstreu mit Moos abgedeckt wachsend. Jährliches Umpflanzen nach der Blüte. Vorwiegend O-/W-/N-Fenster; Gartenkultur.

Psychopsis: Siehe **Oncidium**

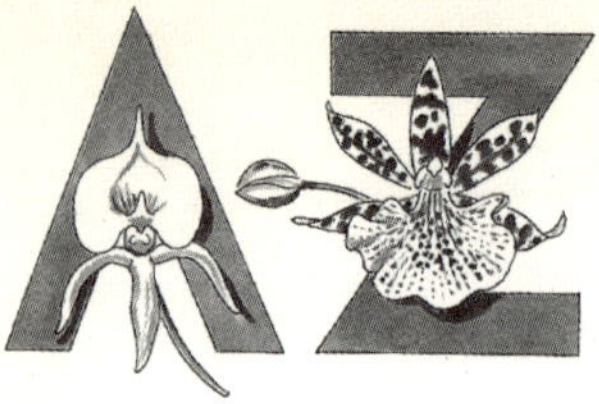

Rhyncholaelia: Siehe **Brassavola**

Rodriguezia

Arten: *Rodriguezia secunda, R. venusta.*
Herkunft: Tropisches Amerika.
Beschreibung: Kleinbleibend, etliche oft große Blüten, hängender Wuchs.
Pflege: Warm, hell und feucht, häufig sprühen. Block-, Korb- oder Gießtopfkultur. O-/W-Fenster.

Rosioglossum: Siehe **Odontoglossum**

Sophronitis

Arten: *Sophronitis cernua, S. coccinea, S. rosea.*
Herkunft: Brasilien.
Beschreibung: Miniaturorchideen, Epiphyten, Blüten groß, leuchtend rot, orange oder violett, einzeln oder wenigblütig; Rhizom kriechend, Pseudobulben.
Pflege: Kühl, hell, gleichmäßig feucht (Gießtopfkultur), viel Frischluft, häufig sprühen. O-/W-Fenster. Beste Blüherfolge bei Kultur mit Morgensonne. Gartenkultur verträgt auch direkte Sonne.

Stanhopea

Arten: *Stanhopea jenishiana, S. oculata, S. tigrina, S. wardii.*
Herkunft: Tropisches Amerika.
Beschreibung: Großwerdende Epiphyten, Blütenstände nach unten wachsend, einblättrige Pseudobulben wachsen schnell und dicht gedrängt.
Pflege: Alle Arten temperiert; Korbkultur, bei hoher Feuchtigkeit auch Blockkultur mit reichlich *Polypodium* und Moos. O-/W-Fenster; Gartenkultur.

Trichocentrum

Arten: *Trichocentrum albo-coccineum, T. tigrinum.*
Herkunft: Ecuador.
Beschreibung: Zwergiger Wuchs, Blüten im Verhältnis zur Pflanze groß.
Pflege: Warm bis temperiert, mäßig feucht, hell; für Luftbewegung sorgen; Neutrieb ist empfindlich gegen Spritzwasser; wächst am besten epiphytisch aufgepflanzt.

Vanda

Arten: *Vanda amesiana, V. coerulea, V. cristata, V. (Euanthe) sanderiana.*
Herkunft: Asiatischer Raum.
Beschreibung: Einsprossig, Blätter ledrig, Blütenstände fast aufrecht mit farbenprächtigen Blüten, meist epiphytisch wachsend mit langen Luftwurzeln.
Pflege: Temperiert, hell bis sonnig, bei hoher Luftfeuchtigkeit (60–80%) und bewegter Luft; Pflanzsubstrat sehr durchlässig (grobe Holzkohlen- und Rindenstückchen). Täglich Wurzeln ansprühen. Im Winter stehendes Wasser

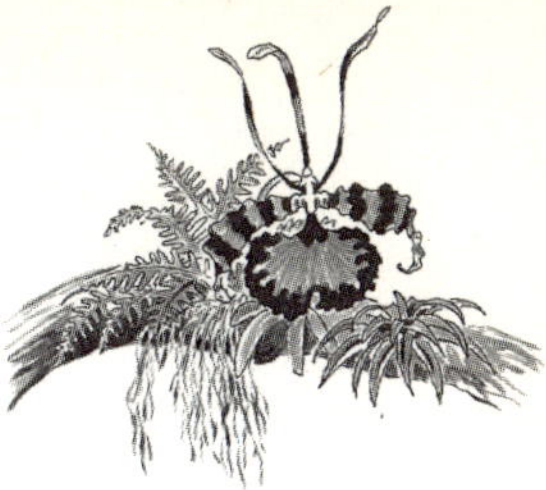

in den Blattachseln vermeiden, da die Blätter sonst abfaulen. Topf- oder Korbkultur.
Meist S-/O-/W-Fenster oder Wintergarten, dann nahe am Glas, möglichst viel Licht von oben, damit die Pflanzen nicht schräg wachsen (Bruchgefahr).

Zygopetalum

Arten: *Zygopetalum crinitum, Z. makkaii, Z. maxillare.*
Hybriden: *Z.* 'Artur Elle', *Z.* 'G. B. White'.
Herkunft: Südamerika.
Beschreibung: Mittelgroß, Pseudobulben mit je zwei bis drei plissierten Blättern.
Pflege: Temperiert und gleichmäßig feucht durchkultivieren, halbschattig bis schattig, gute Ventilation, da Blätter pilzempfindlich; auf *Thrips* und Rote Spinne achten! Gartenkultur.
Die hier beschriebenen Orchideen lassen sich vorwiegend am Ost- und Westfenster kultivieren. Mit ausreichender Zusatzbeleuchtung, die den ganzen Tag über eingeschaltet ist, kann man sie auch am Nordfenster pflegen oder bei ausreichender Schattierung und guter Ventilation am Südfenster. Ausnahme: Den kühl zu haltenden Orchideen wird es im Sommer am Südfenster zu warm. Bedingt durch die ungünstigen Lichtverhältnisse am Nordfenster oder Südfenster kommen hier nicht besonders viele Orchideen für eine Kultur in Frage.
Meine Empfehlungen sind sozusagen nur die Rahmenbedingungen, innerhalb derer Sie durchaus variieren können. Etwas Experimentierfreude gehört zum Pflegen von Orchideen; stellen Sie z.B. Ihre Orchideen auch einmal um, wenn Sie sich etwas davon versprechen. In Knospe befindliche Pflanzen sollte man allerdings nur im äußersten Notfall an einen anderen Platz stellen, da dies gelegentlich Knospenfall verursacht.

Gestaltung

Begleitpflanzen

So wie ein Aquarium mit seiner bunten Pflanzen- und Fischwelt auf die Psyche des Menschen beruhigend wirkt, kann auch ein gut gestaltetes Blumenfenster auf den Betrachter positiv einwirken. Diesem soll eine Art Urwaldatmosphäre vermittelt werden, die zum großen Teil der Natur nachempfunden wird. Unser oberstes Ziel soll dabei immer sein, pflanzengerechte Kulturbedingungen

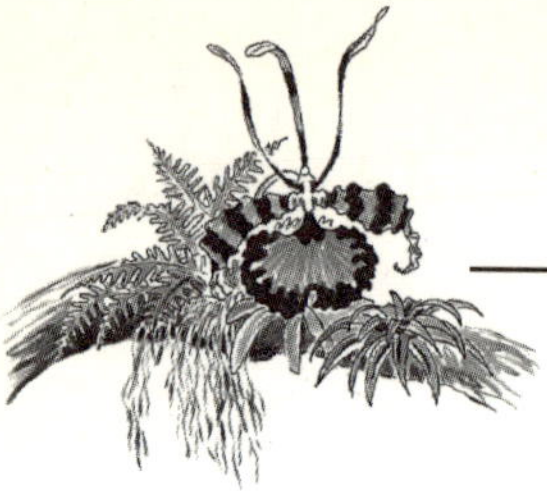

zu schaffen und gleichzeitig einen optischen Gesamteindruck in Form und Farbe zu erreichen, egal ob es sich dabei um ein offenes oder geschlossenes Blumenfenster oder einen Wintergarten handelt.
Diese vollkommene Gemeinschaft aus der Natur in Ihr Haus zu holen ist nicht schwer, denn mit etwas Geschick können auch Sie sich eine Orchideenkulturlandschaft in Ihre Wohnung zaubern. Dieses Kapitel soll Ihnen praktische Anregungen und Hilfestellungen vermitteln, wie Sie Ihr Blumenfenster oder Ihren Wintergarten verschönern können. Oft sind es Kleinigkeiten, die vielleicht noch fehlen, doch auch diese beeinflussen den Gesamteindruck.
Im Gegensatz zu den meisten Zimmerpflanzen haben Orchideen kein schönes Blattwerk, einige lassen sogar zur Ruhezeit ihre Blätter fallen. Diesen Makel können wir beheben, indem wir um die Orchidee passende Begleitpflanzen gruppieren. Auch läßt sich mancher Farbpunkt mit dem leuchtenden Rot einer Bromelienzisterne setzen.
Das schlechteste Beispiel für ein Blumenfenster sind in Reih und Glied aufgestellte Blumentöpfe, die lieblos auf die Fensterbank gestellt wurden. Es werden dann auch oft Pflanzen kombiniert, die in ihren Kulturansprüchen und ihrer Erscheinungsform nicht zusammenpassen. Man denke hierbei an eine Kombination von Kaktus, Orchidee und Alpenveilchen.

Orchideen gehören zu den schönsten und vielseitigsten Pflanzen unserer Erde. Sie kommen erst richtig zur Geltung, wenn sie mit Begleitpflanzen kombiniert werden. Am Naturstandort wachsen Orchideen in Gemeinschaft mit Blattpflanzen, Bromelien, Farnen, Tillandsien, Moosen, Flechten und vielen anderen. Bäume und Sträucher spenden mit ihrem Blattwerk den nötigen Schatten und erzeugen ein günstiges Mikroklima.
Eine harmonische Gestaltung erreichen Sie mit Grünpflanzen, die verschiedene Blattformen, -farben und -zeichnungen haben. Die uns heute zur Verfügung stehenden Naturpflanzen und Hybriden geben uns die Möglichkeit, mit etwas Geschick ein abwechslungsreiches Bild zu schaffen.
Rhipsalis-Pflanzen, die wie viele Orchideen und Bromelien zu den Epiphyten zählen, eignen sich gut für diese Gestaltung.
Pflanzen, die in Ihrer Dekoration nicht fehlen sollten, sind Farne, v.a. Geweihfarn, Nestfarn oder Farne mit Rhizombildung, wie z.B. *Davallia bullata*, die sich rasch vermehrt.

Richtige Gruppierung am Epiphytenstamm

Versehen Sie Ihre Pflanztöpfe mit Drahtaufhängern, wie in Kapitel »Pflanzgefäße« beschrieben. So können die gerade blühenden Pflanzen sichtbar nach vorne gehängt werden, verblühte Pflanzen eher in den Hintergrund. Größere Exemplare finden im unteren Teil des Stammes ihren richtigen Platz. Orchideenminipflanzen, wie Variegaten-Hy-

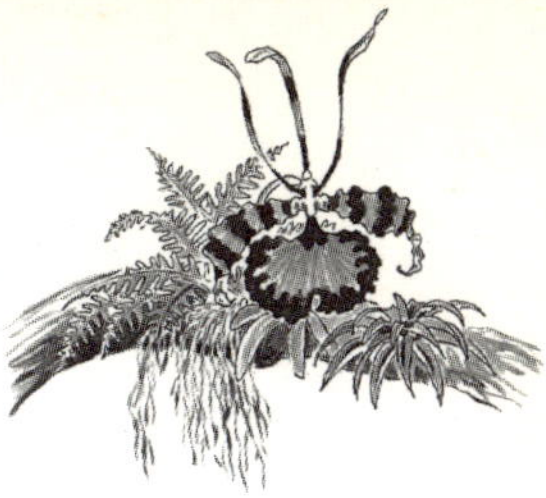

briden von *Oncidium*, kommen am besten an den dünneren Ast- und Wurzelenden zur Geltung. Zusätzlich kann man an den dünneren Ästen dekorative Tillandsien anbinden bzw. ankleben (mit Pattex compakt – unschädlich für die Pflanzen). Tillandsien vermehren sich durch Kindelbildung, blühen z.T. sehr schön und sind pflegeleicht. Mit der bartwüchsigen *Tillandsia usneoides* (auch Louisianamoos genannt) wird Ihr Epiphytenstamm zu einem richtigen Tropenbaum. Durch richtige Gruppierung von Orchideen, Bromelien und anderen Epiphyten können Sie einen Epiphytenstamm nachbilden, wie er am natürlichen Standort in den Tropen zu finden ist (siehe Seite 63, 66/67).

Anordnungsmöglichkeiten im Blumenfenster und Wintergarten

Erhöht aufgestellte oder von oben herabhängende Pflanzen können Sie aus der Pflanzenvielzahl für den Betrachter hervorheben. Blattpflanzen mit geringen Lichtansprüchen werden im unteren Bereich von Gewächshaus oder Wintergarten gruppiert, im Blumenfenster mehr auf der dem Zimmer zugewandten Seite.
Hängende oder rankende Pflanzen gruppiert man im oberen oder vorderen Teil des Blumenfensters. Im Wintergarten gibt es viele Möglichkeiten, die Pflanzen von oben herabhängen oder an den Wänden ranken zu lassen. Sehr

Bromelien für den Epiphytenstamm – eine Auswahl
– Für mäßigen bis geringen Feuchtigkeitsbedarf –
– Für temperierten bis warmen Bereich –

Name	**Besondere Hinweise**
Aechmea chantinii	Mit schöner Blattzeichnung und rotem Blütenstand
Aechmea fasciata	Blütenstand rosa mit blauen Blüten
Aechmea miniata	Blütenstand rot
Aechmea nudicaulis	Roter Schaft mit gelben Blüten
Cryptanthus bivittatus	Mit schöner Blattzeichnung
Cryptanthus bromelioides	Mit schöner Blattzeichnung
Cryptanthus zonatus	Mit gezonten Blättern
Neoregelia carolinae 'Tricolor'	Mit roter Zisterne
Tillandsia argentea	Sehr schöne Rotfärbung der Blätter
Tillandsia lindenii	Schöne Purpurblüten

Begleitpflanzen für verschiedene Fensterplätze

Für sonnige Fenster	
Abutilon – Zimmerahorn	Sukkulenten wie:
Aloë – Aloe	*Crassula*
Beloperone – Zimmerhopfen	*Echeveria*
Chamaerops – Zwergpalme	*Kalanchoë*
Hibiscus – Roseneibisch	*Stapelia*
Für halbschattige Fenster	
Acalypha – Nesselschön	*Fatsia* – Zimmeraralie
Achimenes – Schiefblatt	*Impatiens* – Fleißiges Lieschen
Aphelandra – Glanzkölbchen	*Philodendron* – Baumfreund
Calathea – Korbmarante	*Pilea* – Kanonierblume
Codiaeum – Kroton	*Soleirolia* – Bubiköpfchen
Crossandra	*Sonerila*
Dieffenbachia	*Sparmannia* – Zimmerlinde
Fatshedera – Efeuaralie	*Tolmiea* – Henne mit Küken
Bei viel Platz passen auch kleine Baumfarne und Palmen hierher.	
Für schattige Fenster	
Calceolaria – Pantoffelblume (besonders die kleinbleibenden Wildformen)	*Rhoeo*
Ficus – Feigenbaum (manche Arten)	*Sanchezia*
Jacobinia	*Schefflera* – Strahlenaralie
Medinilla	*Scirpus* – Simse
	Syngonium – Purpurtute

schön wirken Pflanzen, die über die Fensterbankverkleidung oder einen größeren Pflanztrog herunterwachsen.

Schattenspendende Bodenpflanzen
Anthurium-Arten (Flamingoblume)
Asparagus-Arten (Zierspargel)
Begonia-Hybriden (Blattbegonien)
Bromelien-Hybriden
Coleus-Hybriden (Buntnessel)

Technik und Gestaltung einer Fensterbank mit Epiphytenstamm
1 Geweihfarn, 2 Louisianamoos (*Tillandsia usneoides*), 3 *Phalaenopsis*, 4 Epiphytenstamm in Topf einbetoniert, 5 *Cattleya*, 6 Bromelien, 7 *Vuylstekeara* Cambria 'Plush', 8 Blumentopf mit Kokosfaser verkleidet, 9 Tillandsien, 10 *Peperomia* oder *Hoya*, 11 Korallenkaktus (*Rhipsalis*), 12 *Oncidium*, 13 Blattpflanze, 14 Pflanzwanne mit Plastikfolie ausgelegt, 15 Blähton, 16 Holzblende, 17 drei Pflanzwannen aus Kupferblech, 18 *Davallia bullata*

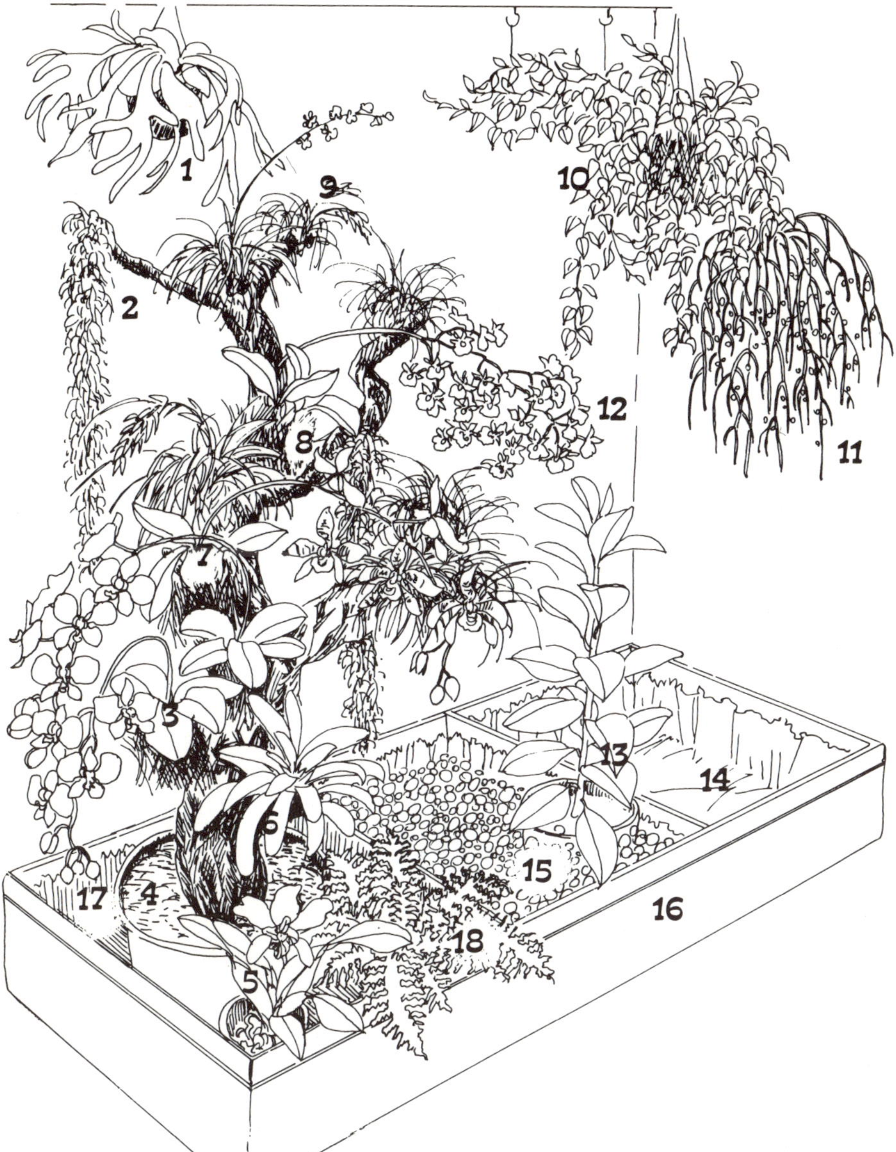
1
2
3
4
5
6
7
8
9
10
11
12
13
14
15
16
17
18

Cordyline und *Dracaena* (Keulenlilie und Drachenbaum)
Cyperus-Arten (Zypergras)
Fittonia-Hybriden
Maranta-Hybriden (Pfeilwurz)
Tradescantia-Hybriden (Flinker Heinrich)

Schattenspendende Kletterer
Ampelopsis orientalis (Doldenrebe)
Cissus antarctica, C. striata (Känguruhwein)
Ficus-Arten (Kletterfeigen)
Hedera-Arten und Hybriden (Efeu)
Hoya-Arten (Wachsblume)
Passiflora caerulea u.a. Arten (Passionsblume)
Philodendron scandens (Baumfreund)
Rhipsalis (Korallenkakteen)
Stephanotis floribunda (Kranzschlinge)

Blumenfenster

Das offene Blumenfenster

Dieses Fenster wirkt unmittelbar auf den Betrachter, da es zum Raum hin offen ist. Es soll ein Stück Natur in Ihr Heim bringen und den Raum beleben und bereichern. Die einfachste Methode ist, die Pflanzen in Übertöpfen zu kultivieren. Mangelnde Luftfeuchtigkeit und stehendes Wasser in den Übertöpfen verschlechtern jedoch die Kulturbedingungen. Die bessere Lösung sind Pflanzwannen, durch die man eine höhere Luftfeuchtigkeit und somit ein besseres Pflanzenklima erreicht. Nach dem Gießen bleibt überschüssiges Wasser in der Wanne, ohne daß die Pflanzen direkt im Wasser stehen.

Wichtig im Blumenfenster ist eine Schattierung für Sonnentage, Zusatzheizung und Zusatzbeleuchtung im Winter.

Das Gestalten eines Blumenfensters setzt eine gewisse Kenntnis der Wuchshöhen und -formen, der Blüten- und Blattfarben, der Blütezeit und vor allem der Bedürfnisse der Pflanzen voraus. Im Blumenfenster soll ein Stück Natur, der Ausschnitt einer bestimmten Lebensgemeinschaft, entstehen. Alle Pflanzen, die hier wachsen, stammen aus klimatisch vergleichbaren Gebieten, besitzen, ihrer Herkunft entsprechend, ähnliche Bedürfnisse und sind, wenn dies berücksichtigt wird, verhältnismäßig einfach zu pflegen.

Orchideen für die Fensterbank sollten Sie besonders sorgfältig auswählen, denn hier kommen vor allem wärmeliebende Arten und solche für temperierte Umgebung in Frage. Am besten eignen sich Pflanzen mit kräftigem Wuchs und gut ausgebildeten Wurzeln, wie z.B. *Brassavola, Brassia, Cattleya, Dendrobium, Doritaenopsis, Doritis, Encyclia, Epidendrum, Laelia, Oncidium* mit sukkulenten Blättern, *Paphiopedilum, Phalaenopsis* u.a.

Für das kühlere und feuchtere Fenster empfehlen sich folgende Arten: *Cambria, Coelogyne, Cymbidium, Lycaste, Masdevallia, Miltonia, Odontoglossum* und Hybriden, *Oncidium, Paphiopedilum* und *Zygopetalum*.

Die beherrschende Form im Blumenfenster kann ein Epiphytenstamm sein,

um den sich die anderen Pflanzen harmonisch gruppieren. Pflanzen mit hängendem Wuchs werden an der Seite oder oben plaziert, Blattpflanzen, die im Urwald am Boden wachsen, und schattenliebende Orchideen gruppiert man im unteren Bereich der dem Zimmer zugewandten Seite, z.B. *Paphiopedilum* (Frauenschuh). Orchideen mit hängenden Rispen, wie *Phalaenopsis*, werden etwas höher gestellt oder so an den Epiphytenstamm gehängt, daß die Blüten aus den Grünpflanzen herausragen. Sehr schön wirken *Oncidium* und andere kleinblütige Orchideen.
Orchideen mit größeren Lichtansprüchen kultiviert man näher am Glas.
Je mehr Pflanzen an einem Fenster vereint sind, desto besser wirkt sich das gesamte Kleinklima zugunsten der einzelnen Pflanze aus. Dies sollten wir wissen, aber nur maßvoll berücksichtigen, denn ein Zuviel an Pflanzen stört die Harmonie des Aufbaus und wird leicht zur unkontrollierbaren Wildnis.
Sorgen Sie auch für Ausweichquartiere für nichtblühende Pflanzen auf einer anderen Fensterbank im Haus oder im sommerlichen Garten.

Das geschlossene Blumenfenster

Im Gegensatz zum offenen wird das geschlossene Blumenfenster durch Schiebefenster aus Glas vom Wohnraum abgetrennt. Es eignet sich für Liebhaber und Sammler, die hier besonders schöne oder seltene Orchideen halten wollen; und darin vor allem liegt sein Reiz. Temperatur, Luftfeuchtigkeit und Luftbewegung können in diesem abgeschlossenen Raum automatisch gesteuert werden, so daß äußerst günstige Bedingungen insbesondere für anspruchsvolle Orchideen entstehen.
Wie das offene wird auch das geschlossene Blumenfenster beim Hausbau von vornherein mit berücksichtigt, läßt sich aber durchaus auch nachträglich einbauen. Neubauten bieten mehr Spielraum, da hier das Fenster in ganzer Raumhöhe eingeplant werden kann.
Eine Belüftungsmöglichkeit ist im geschlossenen Blumenfenster besonders wichtig und daher unerläßlich. Sie sollte so angebracht sein, daß im unteren Teil des Fensters Frischluft zugeführt und im oberen Teil verbrauchte Luft abgeführt wird. Während der kalten Jahreszeit sollte die zugeführte Frischluft erwärmt werden können. Ist das nicht möglich, so kann man während des Winters durch Öffnen des Schiebefensters zum Zimmer hin lüften. Im allgemeinen bedient man die Lüftungsschieber von Hand und läßt sie vom Frühjahr bis zum Herbst offen.
Ein Ventilator innerhalb des geschlossenen Fensters sorgt für die erforderliche Luftbewegung. Er ist so anzubringen, daß der Luftstrom möglichst schräg von oben kommt. Bei stehender Luft würden die Pflanzen bald faulen und die Glasscheiben sich beschlagen.
Man sollte auch einen Konvektor (Heizkörper) je nach Größe des Blumenfensters für die Beheizung vorsehen.
Die Gestaltung des geschlossenen Blumenfensters verhält sich wie beim offe-

Gestaltung eines Blumenfensters mit Epiphytenstamm
1 *Ampelopsis orientalis* (Scheinrebe), 2 *Scindapsus*, 3 *Nephrolepis* (Schwertfarn), 4 *Pilea cardieri* (Kanonierblume), 5 *Dieffenbachia*, 6 *Aechmea fulgens* (Lanzenrosette), 7 *Davallia bullata*, 8 Tillandsien, 9 *Oncidium*, 10 *Maranta*, 11 *Paphiopedilum*, 12 *Cattleya*-Hybride, 13 *Phalaenopsis*, 14 *Vriesea*, 15 *Nidularium fulgens* (Nestrosette), 16 *Caladium* (Buntblatt), 17 *Fittonia*, 18 *Cryptanthus* (Versteckblüte), 19 *Dendrobium phalaenopsis*, 20 Variegaten-Hybride *Oncidium*, 21 *Anthurium-Scherzerianum*-Hybriden (Flamingoblume), 22 *Begonia-Rex*-Hybriden, 23 *Cattleya*-Hybriden, 24 *Vanda*, 25 *Dracaena*, 26 *Coleus-Blumei*-Hybriden (Buntnessel), 27 *Codiaeum* (Kroton), 28 *Peperomia glabella* 'Variegata', 29 *Phalaenopsis*, 30 *Hoya*, 31 *Ficus pumila* (Kletterfeige), 32 *Renanthera*, 33 *Platycerium* (Geweihfarn)

nen Blumenfenster, allerdings können im geschlossenen mehr Orchideenarten als im offenen Blumenfenster kultiviert werden. Die meisten warm und temperiert zu haltenden Orchideen und auch empfindlichere Exemplare sind für das geschlossene Blumenfenster geeignet.

Wintergarten

Der Wintergarten ist meistens zusätzlicher Wohnraum zur Entspannung und fürs Hobby. Es ist deshalb wichtig, daß wir diesen Raum so schön wie möglich gestalten und auch so einrichten, daß er für uns problemlos zu pflegen ist.
Ein Glasanbau am Haus bringt durch die Sonneneinstrahlung passive Son-

33
8
32
24
20
31
14
15
30
26
7
19
29
23
16
25
27
21
28
11
17
22

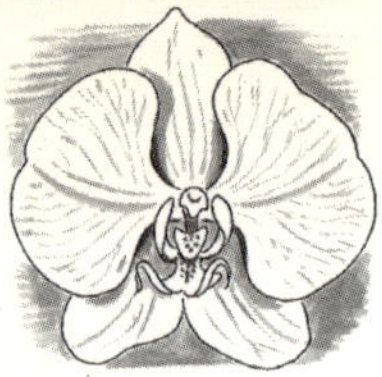

nenenergienutzung. So wird er zum idealen Raum mit mehr Licht und Feuchtigkeit für das Pflanzenwachstum. Wegen der sommerlichen Wärmeeinstrahlung und somit Aufheizung des Wintergartens ist eine Schattierung unbedingt erforderlich. Am oberen Glasteil sollte außerdem eine automatische Belüftungsmöglichkeit vorgesehen werden oder ein Rohrventilator, der über Thermostat geregelt wird und die heiße Luft nach außen bläst.
Vor der Gestaltung sollten Sie sich über das Klima in Ihrem Wintergarten Gedanken machen. Wenn Sie den Wintergarten frostfrei halten wollen, der Raum sich nur durch Sonneneinstrahlung erwärmen soll und über keine Schattierungsmöglichkeit verfügt, können keine Orchideen gepflegt werden. Sie können sich für dieses Klima in einem botanischen Garten oder entsprechenden Büchern Anregungen holen. Orchideen und Zimmerpflanzen des tropischen und subtropischen Klimas kommen nur für einen beheizten Raum in Frage. Die meisten Pflanzen können bei Temperaturen von 20–25 °C tags und 15–18 °C nachts kultiviert werden. Der beheizte Wintergarten kann bei diesen Temperaturen das ganze Jahr als zusätzlicher Wohnraum genutzt werden. Vor allem in den Herbst- und Wintermonaten, wenn draußen nichts mehr blüht und gedeiht, wird Ihr Wintergarten zu einer Oase der Erholung.

Selbstverständlich muß auch eine Heizung unterhalb der Außenscheiben vorgesehen werden. Eine Bodenheizung reicht für den Wintergarten meistens nicht aus. Konvektoren sind zusätzlich zur herkömmlichen Beheizung erforderlich. Wärmeliebende Orchideen, wie z. B. *Phalaenopsis,* gedeihen bei ausreichender Wärmezufuhr besser (mit Bodenheizung habe ich bei *Phalaenopsis* sehr gute Erfahrungen gesammelt). Kübel- oder Topfpflanzen mögen Wärmezufuhr an den Wurzeln nicht, deshalb sollte an den Stellen, wo Sie Ihre Topfpflanzen kultivieren, die Bodenheizung ausgespart werden. Zuviel Wärme verursacht Blattabwurf oder braune Ränder im Winter.
Für den Wintergarten sollten verschiedene Pflanzgruppen in größeren Gefäßen vorgesehen werden. Eine solche Anordnung mit Epiphytenstamm wirkt harmonischer als wahllos aufgestellte Kübel- und Topfpflanzen. Sie können sich einen wasserdichten gemauerten Pflanztrog herstellen lassen, der fest im Wintergarten integriert werden kann.
Für die Füllung der Pflanzgefäße sollte weder Torf noch Erde verwendet werden. Unkontrollierbares Pilzwachstum und Fäulnisgerüche sind unangenehme Folgen. Verwenden Sie Tongranulat (Grolit 2000) als eine Art Pflanzsubstrat. Die Pflanzen können direkt in dieses Langzeitbewässerungssubstrat eingepflanzt werden.
Möchten Sie den Standort Ihrer Pflanzen beliebig verändern, empfiehlt sich als Füllung Blähton, in den die ganzen Pflanztöpfe mit der Erde gestellt werden können.
Auch sehr praktisch für den Wintergarten sind Pflanzgefäße mit Rollen. Der

Standort der Pflanzgruppe kann so problemlos verändert werden.
Bei der Gestaltung des Pflanztrogs sollten Sie auf folgendes achten:
Der Epiphytenstamm wird zum optischen Blickfang. An einem solchen Stamm können viele Pflanzen untergebracht werden, indem man die Pflanzen um und auf den Epiphytenstamm pflanzt. Dominante Pflanzen sollten als Mittelpunkt auf Augenhöhe angebracht werden. Beigeordnete Grünpflanzen bilden den Rahmen und werden um den Epiphytenstamm herum gruppiert. Hängende oder rankende Pflanzen können von oben oder von der Seite herabhängen, Bodenpflanzen werden nach vorne hin kleiner.
Schaffen Sie Kontraste durch verschiedene Blattformen, -farben und -größen. Die Natur gibt uns viele Möglichkeiten, ein abwechslungsreiches Bild zu schaffen. Auch Orchideen gibt es in den verschiedensten Farben und Größen. Und auch hier muß beachtet werden: Große Pflanzen in den Mittelpunkt, kleinere in den oberen Bereich.

Pflege
Achten Sie beim Gießen im Wintergarten auf die unterschiedlichen Bedürfnisse der Pflanzen. Farne z.B. benötigen mehr Wasser, kleine Töpfe trocknen schneller aus. Welche Pflanzen werden gegossen, welche nur besprüht? Pflanzen, die in der Trockenperiode sind, werden ganz nach oben gehängt.

Die Gestaltung mit Pflanzen verlangt von Ihnen etwas Geschick, Ideenreichtum und Experimentierfreude. Und mit der Zeit wird Ihr Wintergarten oder Ihr Blumenfenster immer vollkommener, und Sie haben genug Erfahrungen gesammelt, die dann auch in die Praxis umgesetzt werden können.

Anhang

Naturschutzbestimmungen

Beim Beschaffen tropischer Orchideen sind die gesetzlichen Bestimmungen zu beachten, die das Aussterben vieler Pflanzen verhindern sollen. Diese Bestimmungen sind Bestandteil des Artenschutzgesetzes, das bundesweit Gültigkeit hat. Im Gegensatz dazu unterliegt der Schutz unserer einheimischen Arten den Regelungen der einzelnen Bundesländer.

Das Gesetz zum Washingtoner Artenschutzabkommen (GWA) beruht auf einem weltweiten Übereinkommen zum Schutz gefährdeter Tier- und Pflanzenarten. Damit zusammenhängend sind international einheitliche Ausfuhr- und Einfuhrpapiere für den Handel mit Orchideen vorgeschrieben. Ein Händler kann demnach Pflanzen nur importieren, wenn im Ausfuhrland die zuständige Naturschutzbehörde ihr Einverständnis gibt und dem Exporteur bescheinigt, daß die Pflanzen aus eigener Anzucht stammen oder ihr Bestand in

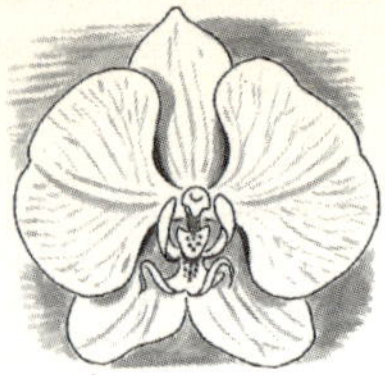

der freien Natur nicht gefährdet ist. Eine solche Erlaubnis muß bei der Einfuhr mit besonderem Formular nachgewiesen werden, andernfalls kann es zu erheblichen Schwierigkeiten kommen. Gibt es Unklarheiten über irgendwelche Bestimmungen oder Fragen zum Washingtoner Artenschutzgesetz, dann wenden Sie sich an die zuständige Dienststelle: Bundesamt für Ernährung und Forstwirtschaft, Referat 27, Adickesallee 40, 6000 Frankfurt.
Helfen Sie mit, Orchideen am Naturstandort zu erhalten, indem Sie keine der Natur entnommenen Pflanzen kaufen. Ausgenommen sind Pflanzen aus gärtnerischer Kultur, die im Herkunftsland oder in Deutschland durch Samennachzucht vermehrt wurden.

Orchideen-Gesellschaften

Deutsche Orchideen-Gesellschaft
Geschäftsstelle: Lieselotte Thielmann
Arndtstraße 8
2724 Sottrum

Schweizer Orchideen-Gesellschaft
Geschäftsstelle: Th. Rupp, Aktuar
Steinacher 1
CH-8162 Steinmaur

Österreichische Orchideen-Gesellschaft
Postfach 300
A-1010 Wien

Wer als Mitglied einer dieser Gesellschaften angehört, findet jederzeit Rat und Hilfe zu Fragen des Angebots, der Bestimmung und Pflege von Orchideen. Im Augenblick beträgt der Mitgliederbeitrag DM 70,– pro Person, Ehepaare DM 75,– (Stand 1991). Jedes Mitglied erhält pro Jahr kostenlos sechs Hefte der Zeitschrift »Orchidee«.
In den verschiedenen Bundesländern gibt es außerdem Landesgruppen für Orchideenliebhaber, die sich monatlich zu Erfahrungsaustausch und Vorträgen treffen möchten. Programme und Anschriften finden Sie in der Zeitschrift »Orchidee« oder bei den oben genannten Orchideengesellschaften.

Bezugsquellen

Was im örtlichen Fachhandel nicht angeboten wird, können Sie evtl. von den nachfolgend aufgeführten Firmen beziehen. Eine Empfehlung ist mit dieser Liste nicht verbunden.

Orchideenpflanzen

Bauer, Uto
Stammheimer Straße 105
7000 Stuttgart 40

Baumann, Elisabeth
Orchideen-Kulturen
Beethovenstraße 202
4200 Oberhausen 11

Bernhart, Herbert
Rosenstraße 1
4802 Halle

Brockmüller, Reinhard
Feldstraße 9, Rolfshagen
3262 Auetal 2

Cramer-Orchideen
Zum Steiner 9–13
8240 Berchtesgaden-Strub

Currlin
Welbhausen 30
8704 Uffenheim

Fochem
Tropical Orchids
Am Grünen Weg 13
5024 Pulheim

Georgie, D.
Berliner Straße 5
O-7812 Lauchhammer-West

Hennis, Wilhelm
Große Venedig 4
3200 Hildesheim

Bezugsquellen, Register

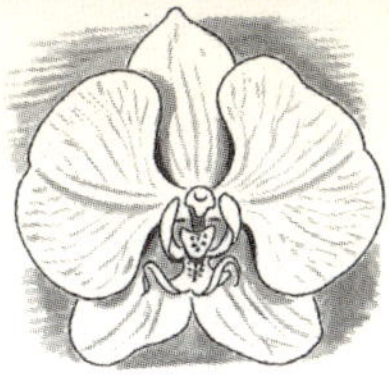

Kenntner
Birkelweg 12
7924 Steinheim-Sontheim/St.

Lemförder Orchideenzucht
Postfach 13 08
2844 Lemförde

Ludwig, Günter
Hainbuchenweg 2
3251 Aerzen 1

Moser, E. und R.
Im Hauental 27
6928 Helmstadt-Flinsbach

Münz, Emil
Postfach 15 23
7050 Waiblingen

Petasch, S.
Hainitzer Straße
O-8601 Obergurig

Popow, H.
Fallersleben
3180 Wolfsburg 12

Röllke, Gerd
Von-Möller-Str. 25 c
4800 Bielefeld 14

Stockelbusch, Andreas
Danziger Straße 1
3504 Oberkaufungen

Tonn Orchideen
3433 Neu-Eichenberg

Tropen-Boutique
Goetheallee
O-6900 Jena

Wichmann Orchideen
Tannholzweg 1–3
3100 Celle

Orchideenbedarfsartikel

Bormann, Ernst
Neudorfer Straße 199
4100 Duisburg 1

Meyer, Manfred
Samlandweg 31
6368 Bad Vilbel-Heilsberg

Spezialliteratur

Koeltz
Wissenschaftliche Bücher
Postfach 1360
6240 Königstein

Ziegan, J.
Buchhandlung
Potsdamer Straße 180
1000 Berlin 30

Register (Halbfette Zahlen verweisen auf Abbildungen)

Aus Platzmangel wurden die einzelnen Orchideen-Arten nicht gesondert vermerkt. Sie finden die Arten jeweils unter der Seitenzahl des Gattungsnamen.

Register